吕思勉 著

吕思勉手稿珍本叢刊

中國古代史札録

7

選舉一

上海古籍出版社

第七册目録

選舉一

選舉提要

「選舉」一類的札録，原有「選舉（上）」「選舉（中）」和「選舉（下）」三包。其中「選舉（上）」又分五札，「選舉（中）、（下）」各分兩札。這三包札録，部分是吕先生從《管子》《左傳》《國策》《史記》《漢書》《隋書》和《資治通鑑》等史籍中摘出的資料，部分是讀《陔餘叢考》《癸巳類稿》《東塾讀書記》等書籍及報刊雜誌所做的筆記。

吕先生的札録，天頭或紙角上常會標出類别名稱，有些也寫有題頭，如第七册第一二八頁「古人貴長」，第七册第五一頁「州長與大比」等。資料多節録或剪貼史籍原文，也有只在題頭下注明史籍的篇名卷第，如第七册第一頁「親策」注見「漢四⁊上」（即《漢書》卷四第七頁正面），第七册第二頁「童子郎」注見《後漢書》「八八⁊下」（即《後漢書》卷八八第七頁反面）。札録中也有一些先生加的按語，如第八册第五九頁録《論衡》的資料，按「此可見當時互相排擠情形」。又如第七册第九六、一五三、二一八等頁，也有長短不一的按語。第一札的小札四，多是《晉書》《宋史》《齊書》《梁書》《南史》等資料，摘録時先生已做了文字同異的比對。

「選舉」各包，有不少剪報資料，此次整理未予收録；札録的手稿部分，均按原樣影印刊出。

選擧

親策

文帝十五年（四九上）亦見鼂錯傳 時對策者百餘人惟錯爲高第 由是遷中大夫

武帝元光元年 [redacted] 元

魏相舉賢良對策高第爲茂陵令（七四上）亦見韓延壽傳（七六上）

蓋寬饒舉方正對策高第爲

公孫太常奏弟居下天子擢爲一（五八上）

嚴助傳 郡舉賢良對策百餘人武帝善助對獨擢爲中大夫（六四上）

選舉

「尚書台缺，詔將大夫六百石以上試對政事、天文、道術，以高第者補之」傳。後書翟酺（六八上）

家拜。○後書徐穉傳：「以穉有道，家拜太原太守，固辭不就」。

就家而拜之也。

後書虞詡傳：「上言：『臺郎顯職，仕之通階，今或一郡七八，或一州無人，宜令均平，以厭天下之望』」（八八上）。

「童子郎」。見後書臧洪傳（八八下）、左雄傳（九一上）、黃瓊孫琬傳（九一下）。

守。注引古今注：儒學者曰中都官千石六百石長吏事

先守一歲，然後補真」（九三上）如淳曰：試者，初除陳請試守一歲乃爲真，食其全俸。見平紀元始元年注（十二上）

以掾史試補。注引漢書儒林傳：周防年十六仕郡小吏，世祖

巡守汝南，召掾史試經，防尤能誦讀，拜爲守丞。防

以未冠謁去（經上）

三國魏志裴潛傳注：爲魏郡、潁川典農中郎

將，奏通貢舉，比之郡國，由是農官進仕路

泰（廿三下）

選舉

「會稽貢舉，得建安十二年到十三年新無舉舉計云府吏遭憂」三國吳志孫破虜吳夫人傳（五上）

待詔公車。即古之公車令屬衛尉，上書者所詣也

「漢儀注刺史得擇所部二千石卒史與從事」王尊傳注引如淳（七六9下）

酷吏多附權貴與之。不多附權貴者郅都、趙禹、義縱及之甚王溫舒

「從車騎出都」司馬相如傳（五七上1下）

選舉

三公中二千石舉刺史二千石令長相，刺史舉所部郡國，太守相舉墨綬（後書安帝建光元年注）

初令三署郎通達經術任牧民者視事三歲以上皆得察舉（同上元初二年注）

令郡國守相視事未滿歲者，得舉孝廉吏（順帝又延光元年注）

令諸以詔除爲郎年四十以上課試如孝廉科者，得參廉選歲舉一人（順帝陽嘉元年注）

選舉

不樂爲吏。晉書李重傳：居家常逸遊閭里，以此不樂
爲吏（四五上）。三國魏志王基傳：年十七，郡召爲吏，非其好也，遂去
入琅邪界游學（卷二七）。晉書郭大傳：家世爲儒，孤，母兄以徐給事郡，遂從林宗
曰：大丈夫學
王蕃之科，德行、言語、政事、文學也。晉書吳母傳（五二上）。孫處尋首
之徒乎遂
故事。以郡府舉上奏，司直殿科。晉書馬援傳：嚴上奏東（五四上）。薛軌成帛
庾伯虔學（九八上）
縣令等人。晉書蔡豹中年令，試百官，舉賢良方正，茂薦
中年名士王方帝即徵之，軍補之，與各仍所等同見
晉書本傳（五五上）

選舉

孝廉廉吏秩滿百石十歲以上有殊才異行乃得參選（桓帝即位以（七上））

良賢不肯舉人曰今得居舉職匪夢伊摩等（同書宦者傳（九八上））

同書鄭弘傳建初為尚書令舊制尚書郎限滿補縣長令史丞尉弘奏以為臺職雖尊而酬賞甚薄至於開選多無樂者請使郎補千石令史為長帝從其議（六三四上）

選用其限於一人兼及其家（三國吳志闞澤傳注引謝承書（九上））

晉初文立請用蜀人（蜀志譙周付注（十二北））陸遜請用荊州人（吳志十三北）

中正○先時國家始制九品各使諸郡選置中正差敘自公卿以下至於郎吏功德才行所任（廿三北）三國魏志常林付注引魏略

漢時選舉以州郡之選○者風俗通垂出於（[illegible]四三）周　歸家不以軍功陞官

冀鑄賓（五•二）

選舉

湯世叉捏一案牘　光宣列傳255上

赫德請使子應科舉未許　又附海原傳

陳世?開鄉試分設學政　又2374上　2384上

退筆

即用道府

清制。三甲進士。以知縣分發省分即用。唯順治己丑科。新進士即用道府。二十餘人。分發兩廣。止此一科。後不爲例。道府班秩。超越知縣遠矣。此二十餘新進士。甲第在前者耶。抑在後者耶。不可考。

選舉

吳隆九品中正之制，使舉善進材，各由鄉論

衡權宜以堂對定之，卿官皆以歷年資望年後取容遠冒士

魏晉常以清引親睞，謂中正兼敘。自公卿以下至於郎吏

各地郡中正匯報大中正，大中正之之相標御第定品級

大小中正以本州縣人任
臺省郎吏
詳用公卿　共敘之

中央官吏任
人才高低而定其升黜

遂峯

表判改古矣

歲貢外附優拔

乾隆中葉事

選舉
三家郎并董研樵得舉
學郎同考俱鄉會人
孔上作

（選舉）

蕭宋陳（太）宋 以前王粛付（至七頁止）

蕭書訂蕭齊宋博

（選舉）（鄭俠傳）之選補兼錢伯荷孝男傳
不宜季周南同人（以上作選）
[redacted]（以下作選）
舉劉宣文劉昭平（以下作選）

探尋留（七の卅）

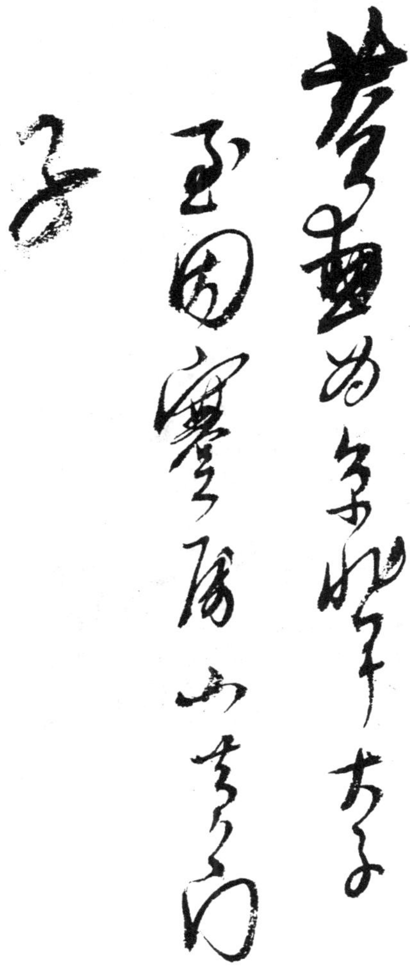

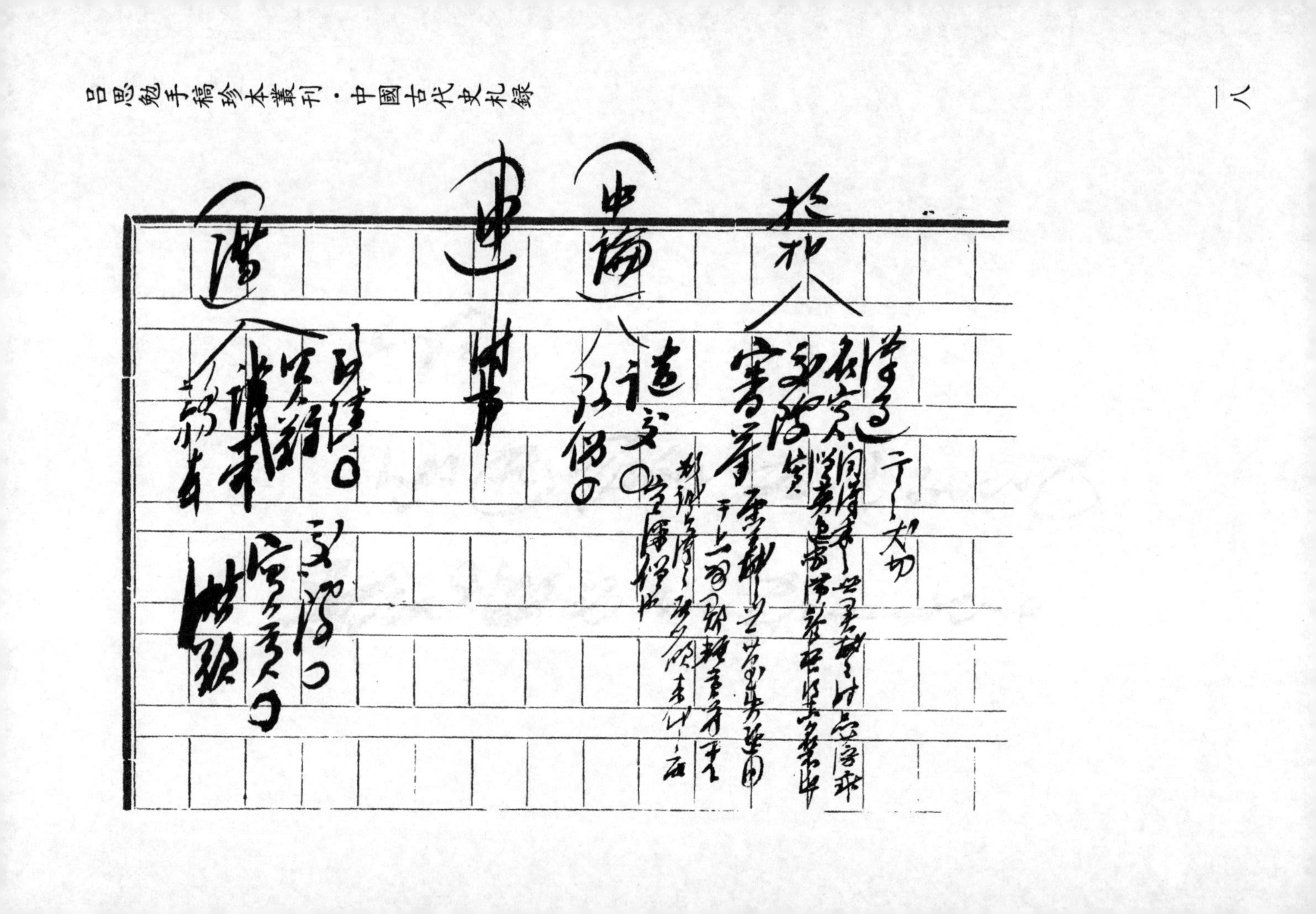

於和（人）

儒家（下一大切）

[illegible]

[illegible]

[illegible]

（史論）

[illegible]

（史）

[illegible]

（書）

[illegible]

考卷

述卿常士大夫之材，官僚之根本，蓋皆[illegible]

之士蓋以其才，謂卿常士之材，猶長官（參看上述）[illegible]

蓋自居於任選，研高第，列卿郎官，皆十人而共者

光華大學　考卷

貴其姓，或有世其官者，至其子孫亦[illegible]

是重其世，謂之不得卿常士守（見上述）[illegible]

而自言其身，卿與之常相擇，自有之，不係廣陵以僻居

貴世（見上述），以漢書東方朔傳[illegible]

漢之郡縣，為縣令亦[illegible]

[illegible]

[illegible]

52

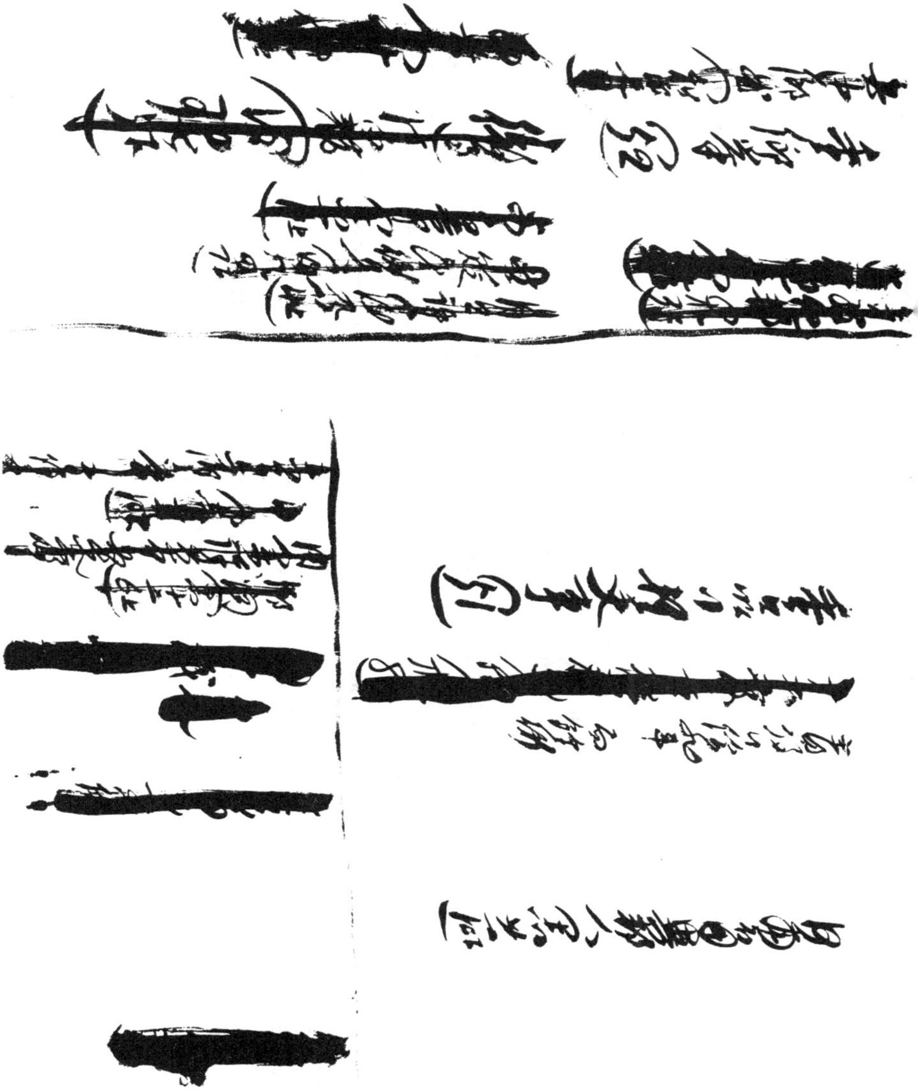

家臣

主人降洗升獻私人于阼階上拜于下升受主人荅其長拜乃降坐祭立飲不拜既爵若是以辯宰夫贊主人酌主人於其羣私人不荅拜其位繼兄弟之南亦北上亦有薦脀○私人家臣已所自謁除也大夫言私人明不純臣也士言私臣明有君之道北上不敢專其位亦有薦脀初亦北面在衆賓之後爾言繼者以爵既獻爲文凡獻位定

疏主人至薦脀○注私人至位定○釋曰自此盡主人就筵論主人獻私人之事云私人家臣已所自謁除也者此對公士得君所命者此乃大夫自謁請於君除其課役以補任爲之云大夫言私人明不純臣也者大夫尊近於君故屬已之臣名爲私人云士言私臣明有君之道者士卑不嫌近君故得名屬吏爲私臣也云北上不敢專其位者以其兄弟北上今繼兄弟之南亦北上與兄弟位同故云不敢專其位云兄弟位定者與上衆兄弟云其位在洗東西面北上升受爵其薦脀設于其位注云先著其位於上明位初在是此不先著位於上俱言繼凡獻者是據獻位爲言則未獻時在衆賓後矣案特牲記云私臣位在門東北面是衆賓後也云凡獻位定則是凡獻[illegible]非定位也

主人就筵古文曰升就筵尸作三獻之爵上賓所獻

夫人自辟除者
士私臣

不得從
自所命

官制（銓選）

胥有肉曰殽

公有司士之屬命於君者　私臣己所辟除

之也衆賓及衆兄弟內賓宗婦若有公有司私臣皆殽脀又署此所折骨直破折餘體可殽者升之俎一而已不備三者賤祭禮接神者貴凡骨有肉曰殽祭統曰凡爲俎者以骨爲主貴者取貴骨賤者取賤骨貴者不重賤者不虛示均也俎者所以明惠之必均也善爲政者如此故曰見政事之均焉公有司亦士之屬命於君者也私臣自己所辟除者【疏】注又署至除者○釋曰云又署者上文長兄弟及宗人直言折不言所折骨體已是署此又不言折而言殽脀是又署也言此所折骨值有餘體即破之可也云祭禮接神者貴者謂長兄弟及宗人已上俎皆三皆有脀脯以接神及尸貴故三體不止接神尸神象所接尸者亦貴可知自衆賓已下折體而已不接尸神賤無獻故也宗人雖不獻執巾以授尸亦名接尸也引祭統者見貴賤皆有骨示均之義云己所辟防者則府史之等不命於君者也膚一離肺一公有

此係官制（選）例外也

02

命鄉簡不帥教者以告。帥循也不循教謂敖很不孝弟者司徒使鄉簡擇以告者鄉屬司徒○帥音率循音巡敖本又作傲同五報反很胡墾反弟大計反本又作悌耆老皆朝于庠，元日習射上功，習鄉上齒，大司徒帥國之俊士與執事焉。將習禮以化之使之觀焉耆老致仕及鄉中老賢者朝猶會也此庠謂鄉學也鄉謂飲酒也鄉禮春秋射國蜡而飲酒養老○朝直遥反庠音祥與音預蜡仕詐反不變，命國之右鄉簡不帥教者移之左，命國之左鄉簡不帥教者移之右，如初禮。中年考校而又不變使轉徙其居覬其見新人有所化也○亦復習禮於鄉學使之觀焉覬音冀復扶又反下又復復移復與同不變，移之郊，如初

禮。郊鄉界之外者也稍出遠之後中年又為之習禮於郊學○為于僞反下為親為其大亦為皆同不變，移之遂，如初禮。遠郊之外曰遂遂大夫掌之又中年復移之使居遂又為習禮於遂之學不變，屏之遠方，終身不齒。遠方九州之外齒猶録也命鄉論秀士，升之司徒，曰選士。移名於司徒也秀士鄉大夫所考有德行道藝者○選宣戀反下皆同行下孟反司徒論選士之秀者而升之學，曰俊士。可使習禮者學大學升於司徒者不征於鄉，升於學者不征於司徒，曰造士。不征不給其繇役造成也能習禮則為成士○給音急繇本又作繇音遥樂正崇四術，立四教，樂正樂官之長掌國子之教虞書曰夔命汝典樂教胄子崇高也高尚其術以作教也幼者教之於小學長者教之於大學尚書傳曰年十五始入小學十八入大學○樂音岳長丁丈反下同夔求龜反命女音汝順先王詩書禮樂以造士。順此四術而教以成是士也春秋教以禮樂，冬夏教以詩書。春夏陽也詩樂者聲聲亦陽也秋冬陰也書禮者事事亦陰也互言之者皆以其術相成○夏戶嫁反注及下注夏官同王大子、王子、羣后之大子、卿大夫元士之適子、國之俊選皆造焉。皆以四術成之王子王之庶子也羣后公及諸侯○適丁歷反下注同造才早反徐七到反凡入學以齒。皆以長幼受學不用尊卑○將出學，小胥、大胥、小樂正簡不帥教者以告于大樂正，大樂正以告于王。此所簡者謂王大子王子羣后之大子卿大夫元士之適子大胥小胥皆樂官屬也出學謂九年大成學止也○胥息餘反又息呂反下同王命三公、九卿、大夫、元士皆入學。不變，王親視學。亦謂使習禮以化之不變王又親為之臨視重棄賢者子孫此習禮皆於大學也不變，王三日不舉，去食樂重弃人○去丘呂反屏之遠方，西方曰棘，東方曰寄，終身不齒。棘當為僰僰之言偪使之偪寄於夷戎不屏於南北為其大遠○屏必郢反棘依注音僰又作僰蒲北反偪也偪彼力反大音太舊他佐反大樂正論造士之秀者以告于王，而升諸司馬，曰進士。移名於司馬司馬夏官卿掌邦政者進士

3

可進受爵祿也【疏】司徒至進士○正義曰此一節論司徒脩禮明教上賢絀惡教學升進之事各隨文解之○脩六禮以節民性者六禮謂冠一昏二喪三祭四鄉五相見六性稟性自然剛柔輕重遲速之屬恐其失中故以六禮而節其性也○明七教以興民德者七教即父子一兄弟二夫婦三君臣四長幼五朋友六賓客七也德者得也恐人不得其所故以七教以興舉其民使之皆得其所也此六禮七教並是殷禮周則五禮十二教也齊八政以防淫者八政一曰飲食二曰衣服三曰事爲四曰異別五曰度六曰量七曰數八曰制淫謂過奢侈故以八政禁令之事以防淫淫過之失貴賤同有故不云民淫○一道德以同俗者道履蹈而行謂齊一所行之道以同國之風俗敬養耆老所以致恭孝之心哀恤孤獨所以逮及不足謂以恩惠逮及之不足則孤獨者也尊上賢人所以崇獎有德簡去不肖所以絀退惡人從司徒以下至升諸司馬曰進士皆是司徒所掌教之事既云上賢崇德簡不肖絀惡摠之於此從命鄉簡不帥教者至終身不齒論絀惡之事謂鄉人入學不帥師教屏退絀除也自命鄉論至曰造士論崇德之事謂鄉人入學德業有成升名進於司徒又鄉人所學須有經術自樂正崇四術至詩書明所習業之事非惟鄉人所教如此王子公卿之子亦當須教其不肖者亦當退之自王大子以下至終身不齒論教王子等屏退之事但鄉人既用飲射升之故論選士俊士至於造士若王子與公卿之子本位既尊不須積漸學業既成即爲造士於是大樂正之官摠論鄉人造士及王子等造士以告於王升諸司馬故云大樂正論造士之秀者以告於王而升諸司馬曰進士是摠包鄉人及王子及公卿之子學業成者○注帥循至司徒○正義曰帥循也爾雅釋詁文云鄉屬司徒者六鄉大夫皆司徒統領周禮鄉皆屬地官是鄉屬司徒也○耆老至事爲○司徒命此鄉學簡擇不帥教者以告司徒司徒乃命鄉內耆老皆聚會於鄉學之庠乃擇善日於鄉學內爲此不帥教之人習其射禮中者在上故云上功又於鄉學習此鄉飲酒之禮令老者居上故云上齒欲使不帥教之人觀其上功自厲爲功觀其上齒則知尊敬長老大司徒帥領國之英俊之士與在鄉射飲酒執行事焉使俊士與之以爲榮惡者慕之而自勵此言國之俊士則非惟鄉內之人○注耆老至養老○正義曰摠言耆老其數則衆故知致仕及鄉中老賢致仕則書傳略說云大夫爲父師士爲少師是也鄉中老賢謂鄉人不仕年老有德行者故鄉飲酒云以告于先生君子可也注云先生鄉中致仕者君子國中有盛德者云朝猶會也者恐有朝王之嫌故云朝猶會也云此庠謂鄉學也者以習射上功在州學習鄉上齒在黨學恐此是州黨之學故云庠鄉學也謂初時耆老聚會於庠學乃擇元日就州學習射就黨學上齒習射習鄉各在一處則不得同日也云鄉謂飲酒也者言經中習鄉謂飲酒者此鄉既有上齒之文故知謂鄉飲酒也云鄉禮春秋射者按州長職云春秋而射于州序然則射在州序而云鄉射禮者州屬於鄉雖在州序亦得謂之鄉或可鄉居此州更不立州學若州之有事則就鄉學是鄉學得爲射也云鄉禮春秋射者解習射之處也云國蜡而飲酒養老者周之十二月國家蜡祭之時黨正鄉飲酒而養老按黨正云國索鬼神而祭祀則以禮屬民而飲酒于序以正齒位知此經習鄉幷正月鄉學飲酒者以鄉學飲酒無正齒位之事此云上齒按黨正職云壹命齒于鄉里再命齒于父族三命而不齒又禮記鄉飲酒義云六十者坐五十者立侍故解此鄉爲黨正飲酒謂之鄉者黨鄉之屬故云鄉也或鄉之所居之黨不別立黨學黨之正齒位就鄉學爲之亦謂之飲酒○注中年至覲焉○正義曰按學記一年視離經辨志三年視敬業樂羣五年視博習親師七年視論學取友謂之小成九年知類通達上云命鄉簡不帥教者謂初入學一年之終簡不帥教敖很之人爲之習射習鄉此注云中年考校而又不變中猶間也謂間一年而考校之時不變者右鄉者移左左鄉者移右下云不變移之郊者謂五年之時更簡不帥教者故注云中年又爲之習禮間四年之下一年也下云不變移之遂者謂七年之時故注云又中年移之遂間六年之下一年也下云不變屏之遠方者謂九年之時鄭注不云間年者以九年限極不須云間年也云亦復習禮於鄉學若習禮謂習射上功習鄉上齒故經云如初○注郊鄉至郊學○正義曰此郊謂近郊也以遠郊之內六鄉居之若鄉民近國城及國內之人其學在國中或在公宮之右或

在公官之左故前云右鄉若鄉人遠國城在近郊之外者則學在近郊其習禮亦鄉大夫臨之○注遠郊至之學○正義
曰按司馬法曰百里郊二百里野遂人云掌邦之野既二百里爲野遂之所居故知遠郊之外云遂大夫掌之者謂遂大
夫掌所職二百里中也且此不帥教者移之在遂不應鄉大夫臨之故亦遂大夫掌之遂大夫亦帥國之俊選於遂學而
行禮也但六鄉州學主射黨學主正齒位遂則縣與州同鄙與黨同未知縣正主射鄙師主正齒位以否亦應與鄉不異但
周禮不備耳但縣鄙皆屬於遂雖各立學摠曰遂學或遂之所居縣鄙不立縣鄙之學有事則在遂學與鄉同○注遠方
至録也○正義曰九州之外於周則夷鎮蕃也蓋隨罪之輕重而爲遠近之差若王子公卿之子雖屏夷狄但居夷狄之
內畔故下注云不屏於南北爲其大遠明鄉人則屏於南北也齒猶録也者按文王世子云古者謂年齡齒亦齡也其在
相次是録其長幼故云齒猶録也○注移名至藝者○正義曰大司徒之官命鄉大夫論量考校此鄉學之人有秀異之
士者升於司徒先名惟在鄉今移名於司徒謂録名進在司徒其身猶在鄉學云秀士鄉大夫所考有德行道藝者謂鄉
大夫考此鄉學之人有德行道藝者德行謂孝友之徒道藝謂多才藝此雖升名司徒未即貢舉入官也按鄉大夫云三
年則大比攷其德行道藝而興賢者能者謂鄉人有能有賢者以鄉飲酒之禮興之獻賢能之書於王名則升於天府身
則任以官爵則下文云大樂正論造士之秀者以告於王而升諸司馬曰進士彼據鄉人故三年一舉此據學者故中年
考試殷周同也熊氏以爲此中年舉者爲殷禮鄉大夫三年舉者周法其義非也○注可使至大學○正義曰按內則云
二十而冠始學禮此升於天學曰俊士之人年以二十故可使習禮云學大學者按尚書周傳云王子公卿大夫元士之
適子十三入小學二十入大學又書傳略說餘子十五入小學十八入大學其鄉人當與餘子同故知二十習禮之時在
大學也此升於學者謂身升於大學非直升名而已○注不征至成士○正義曰征謂力役故云不給繇役此繇役者供
學及司徒細碎之繇役也上文命鄉論秀士升之司徒曰選士者雖升名司徒猶給鄉之繇役以藝業未成故云司徒論
選士之秀者而升之學曰俊士者身雖升學亦以學未成猶給司徒繇役若其學業既成免其繇役定本云升之學無大
字升諸司徒則不征於鄉升之於學則不征於司徒皆免其繇役者是爲造成之士云能習禮則爲成士者以二十習禮
禮以立身故爲成士然習禮必年二十按書傳適子二十入大學餘子十八入大學然則升名司徒未入大學已能習禮
爲造士者二十習禮舉其大綱若其性識聰明則亦早能習之○注樂正至大學○正義曰樂正掌國子之教者按周禮
大司樂掌成均之法以教國子引虞書命汝典樂教胄子者證以樂官教胄子之義孔注尚書云胄長也謂王子公卿大

十三經注疏　禮記十二　王制　七

夫元士之子云高尚其術以作教也者謂樂正之官當光揚尊崇此四術以爲教謂敷暢義理贊明旨趣使學者知之引
尚書傳曰以下書傳略說文順先王詩書禮樂以造士樂正之官依順此古昔先王之道則詩書禮樂之等教之造成此
士術者是道路之名詩書禮樂是先王之道路謂之術○注春夏至相成○正義曰鄭以經云春秋教以禮樂則秋教禮
春教樂冬夏教以詩書則冬教書夏教詩故云春夏陽也詩樂者聲聲亦陽也所以詩得爲聲者詩是樂章詩之文義以
樂聲播之故爲聲若以聲對舞則聲爲安靜舞爲鼓動舞爲陽聲爲陰故大胥云春釋采合舞秋頒學合聲是也就舞之
中奮動甚者屬陽奮動希者屬陰故文王世子云春夏學干戈秋冬學羽籥是也云秋冬陰也書禮者事事亦陰也者書
者言事之經禮者行事之法事爲安靜故云書禮者事事亦陰也文王世子云秋學禮冬讀書與此同也云互言之者皆
以其術相成者若不互言當云春夏教以樂詩秋冬教以禮書則是春夏但教以樂詩不教禮書秋冬但教以禮書不教
以樂詩言其四術不可暫時而闕今交互言之云春教樂明兼有禮秋教禮兼有樂夏教詩兼有書冬教書兼有詩故云
皆以其術相成但遂其陰陽以爲偏主耳○注皆以至諸侯○正義曰皆以四術成之解經皆造焉謂王太子公卿大夫元

士之子國之俊選皆以四術造爵云王子王之庶子也者以經云王太子乃云王子故知是庶子也云羣后公及諸侯者以經羣后之下即云卿大夫士無諸侯之文故知羣后之中是三公及諸侯也○注皆以長幼受學○正義曰長幼受學雖王大子亦然故文王世子云將君我而與我齒讓何也是其事也○注此所至上也○正義曰此所簡者謂王大子以下者承上鄉之學下恐所簡兼有鄉人故明之也云大胥小胥皆樂官屬也者按周禮大司樂中大夫二人大胥中士四人小胥下士八人皆屬大司樂故云樂官屬也云出學謂九年大成學止也者以上文鄉人中年考校恐此亦中年故明之也知九年者以下即云王親視學不變王三日不舉無移左鄉右鄉及移郊遂之事故知是九年學止也○注書禮皆於大學也○正義曰若殷人習禮在於大學即明堂位云瞽宗殷學文王世子云禮在瞽宗殷之大學也若周則大學曰東膠瞽宗不得為周之大學也故鄭注儀禮鄉射云周立四代之學於國而又以有虞氏之庠為鄉學則周之學書禮於殷學之中至九年則王子不變其習禮當於東膠大學然則辭子十八入大學嫡子二十八入大學者皆是殷法也若周法立當代太學在公宮左太學即東膠也又立小學於西郊小學即有虞氏之庠其習書於虞氏之學習禮樂於殷之學習舞於夏后氏之學故文王世子云春夏學干戈秋冬學羽籥皆於東序春誦夏弦大師詔之瞽宗又云禮在瞽宗書在上庠詩則無文鄭注云弦謂以絲播詩則習詩亦在瞽宗然詩與禮樂雖各在其學習之至二十入大學之時仍於大學之中兼習四術故此注云習禮皆於大學是周之大學亦習禮也禮既在瞽宗又在大學則其餘亦可知也○注棘當至大遠○正義曰棘之言僰者按漢書云西南有僰夷知非彼夷而讀爲僰者以與寄文相對寄非東方夷名是寄旅之意則僰亦非西方夷名故以爲偪迫於夷狄也云不屏於南北爲其大遠者按漢書地理志云南北萬三千里東西九千里又帝王世紀南北萬三千三百六十八里東西九千三百二十里漢地既然則古亦應爾皆南北長東西短故鄭此注云不屏於南北爲其大遠○大樂至進士○此大樂正之官論造士之中最秀異者以告於王而升名於司馬論之曰進士言進受爵祿也此文承王子公卿大夫之子下假專據王子等其實鄉人入學爲造士者亦同於此其鄉人不在學者及邦國所貢之士所貢於王亦當升諸司馬以司馬掌爵祿故有司士屬爲其職云以德詔爵以功詔祿即知但入仕者皆司馬主之下文更不見鄉人及邦國所貢之士故知此中兼之但文不具耳

司馬辨論官材。辨其論官其材觀其所長○論如字辨力困反 論進士之賢者以告於王而定其論。各署其所長 論定然後官之。使之試守 任官然後爵之。命之○任而金反下注同 位定然後祿之。

疏 司馬至士齒○正義曰此一節主論司馬之官用其人及發兵論射御及居官黜退之事司馬辨論官材大樂正論造士之秀者以告於王王必以樂正所論之狀授與司馬司馬得此所論之狀乃更論辨之觀其材能高下知其堪任何官是準擬其官以其材故云官材也○論進士之賢者謂司馬辨論之後不堪者屏退論量進士賢者以告於王告王之時而正定其論各署其所長若長於禮者署擬於禮官長於樂者署擬於樂官論定然後官之者謂既論擬定然後試之以所能之官○任官然後爵之者謂堪任此官然後爵命之○位定然後祿之者謂既受爵命使有職位然後與之以祿

選舉

論辨後使 任事然後爵 位定然後祿

凡官民材，必先論之，論謂考其德行道藝。○行下孟反 論辨然後使之，辨謂考問得其定也。易曰問以辨之。○ 任事然後爵之，爵謂正其秩次。○任而鴆反 位定然後祿之。與之以常食。○與如字又音預 疏 凡官至祿之。○正義曰此一節論擇賢材任以爵祿之事各隨文解之。○注辨謂至辨之。○正義曰辨謂考問得其定也者謂官其人必先論量德行道藝今論量考問事已分辨得其定實故云辨謂考問得其定也引易曰問以辨之是易文言文。○任事然後爵之。○正義曰爵謂正其秩次者雖考問知其實有德行道藝未明其幹能故試任以事考其幹了然後正其秩次除授位定然後與之以祿

王制

7

謝

單送

候補謝閣學修延劉李述王鈞寄二兩書

寅山

游

選舉

二生一死皆所以爲贄以見其君與自相贄同也 彭更問曰後車數十乘從者數百人以傳食於諸侯不以泰乎 泰甚也彭更孟子弟子怪孟子徒衆多而傳食於諸侯之國得無爲甚奢泰者也 孟子曰非其道則一簞食不可受於人如其道則舜受堯之天下不以爲泰子以爲泰乎 簞笥也非其道一笥之食不可受也子以舜受堯之天下爲泰乎 曰否士無事而食不可也 彭更曰不以舜爲泰也謂仕無功而虛食人者不可也 曰子不通功易事以羨補不足則農有餘粟女有餘布子如通之則梓匠輪輿皆得食於子 孟子言凡人當通功易事乃可各以奉其用梓匠木工也輪人輿人作車者也交易則得食於子之所有矣周禮攻木之工七梓匠輪輿是其四餘羨者也 於此有人焉入則孝出則悌守先王之道以待後之學者而不得食於子子何尊梓匠輪輿而輕爲仁義者哉 入則事親孝出則敬長悌悌順也守先王之道上德之士可以化俗者若此不得食子之祿子何尊彼而賤此也 曰梓匠輪輿其志將以求食也君子之爲道也其志亦將以求食與 彭更以爲彼志食於此亦但志食也 曰子何以其志爲哉其有功於子可食而食之矣且子食志乎食功乎 孟子言祿以食功子何食乎 曰食志 彭更以爲當食志也 曰有人於此毀瓦畫墁其志將以求食也則子食之乎 孟子言人但破碎瓦畫地則復墁滅之此無用之爲也然而其志反欲求食則可食乎 曰否 彭更曰不食也 曰然則子非食志也食功也 孟子曰如是則子果食功也非食其志也 疏 彭更問曰至食功也○正義曰此章言百工食力以祿養賢修仁尚義國之所尊移風易俗其功可珍雖食諸侯不爲素餐也彭更問曰後車數十乘從者數百人以傳食於諸侯不以泰乎彭更孟子弟子問孟子以謂車有數十乘之多從徒又有數百人之衆皆以傳食於諸侯不以爲泰甚乎傳食蓋以孟子食於諸侯車徒又食於孟子要之所食之祿皆出於諸侯之所供耳故云傳食諸侯孟子曰非其道則一簞食不可受於人如其道則若舜受堯之天下不以爲之泰子今以車徒傳食於諸侯爲之泰以其不足爲泰

27

選舉

生畝謂孔子曰丘何爲是栖栖者與無乃爲佞乎包曰微生姓畝名孔子曰非敢爲佞也疾固也包曰疾世固陋欲行道以化之疏微生至疾固也○正義曰此章記孔子疾世固陋之事也微生畝謂孔子曰丘何爲是栖栖者與無乃爲佞乎者栖栖猶皇皇也微生畝隱士之姓名也以言謂孔子曰丘呼孔子名也何爲如是東西南北而栖栖皇皇者與無乃爲佞說之事於世乎孔子曰非敢爲佞也疾固也者孔子荅言不敢爲佞但疾世固陋欲行道以化之

子曰驥不稱其力稱其德也鄭曰德者調良之謂疏子曰驥不稱其力稱

25

公孫丑問曰不見諸侯何義丑怪孟子不肯每輒應諸侯之聘不見之於義謂何也孟子曰古者不爲臣不見古者不爲臣不肯見不義而富且貴者也段干木踰垣而辟之泄柳閉門而不納是皆已甚迫斯可以見矣孟子言魏文侯魯繆公有好善之心而此二人距之太甚迫窄則可以見之陽貨欲見孔子而惡無禮大夫有賜於士不得受於其家則往拜其門陽貨魯大夫也孔子士也陽貨矙孔子之亡也而饋孔子蒸豚孔子亦矙其亡也而往拜之當是時陽貨先豈得不見矙視也陽貨視孔子亡而饋之者欲使孔子來荅恐其便荅拜使人也孔子矙其亡者心不欲見陽貨也論語曰饋孔子豚孟子曰蒸豚豚非大牲故用熟饋也是時陽貨先加禮豈得不往拜見之哉曾子曰脅肩諂笑病于夏畦脅肩竦體也諂笑强笑也病極也言其意苦勞極甚於仲夏之月治畦灌園之勤也子路曰未同而言觀其色赧赧然非由之所知也未同志未合也不可與言而與之言謂之失言也觀其色赧赧然面赤心不正之貌也由是觀之則君子之所養可知已矣孟子言由是觀曾子子……之所

26

[redacted]

使盡

之而爲之簞食與肉簞笥也。遺唯季反下注同簞音丹笥思嗣反 疏 注簞笥也。正義曰鄭玄曲禮注云圓曰簞方曰笥然則俱是竹器方圓異名耳故以簞爲笥鄭玄論語注亦云簞笥也 寘

諸橐以與之既而與爲公介靈輒爲公甲士。橐他洛反而與音預公介音界 倒戟以禦公徒而免之問何故對曰翳

桑之餓人也問其名居問所居 不告而退不望報也 遂自亡也輒亦去

27

○天王使仍叔之子來聘仍叔之子者何天子之大夫也其稱仍叔之子何据宰渠氏官武氏子不稱字又不加之尹氏不稱子疏仍叔之子者何○解云欲言大夫而文言之子欲言未仕而天王使之故執不知問○注据宰渠氏官○解云即上四年夏天王使宰渠伯糾來聘是也○注武氏至加之○解云即隱三年秋武氏子來求賻是也○注尹氏不稱子○解云即隱三年夏四月辛卯尹氏卒是也譏何譏爾譏父老子代從政也禮七十縣車致仕不言氏者起父在也加之者起子辟一人○縣音玄疏注禮十縣輿致仕○解云案春秋說文謂之縣輿者淮南子曰日至於悲谷是謂餔時至於淵隅是謂高春至於連石是謂下春至於悲泉爰止其女爰息其馬是謂縣輿舊說云日在縣輿一日之暮人年七十亦一世之暮而致其政事於君故曰縣輿致仕也亦有作車字者○注不言至在也○解云言仍氏子則與武氏子文同嫌亦無父故曰起父在○注加之至一人○解云若言仍叔子則與僖三十三年百里子與蹇叔子之類是一人故曰加之者起子辟一人○葬陳桓公不月者責臣子也知君父有疾當營衛不謹而失之也傳曰葬生者之事疏注不月至之也○解云正以卒日葬月乃是大國之例今書時故決之○注傳曰至之事

十三經注疏　公羊四　桓公五年　六

譏父老子代從政一禮七十縣輿段

30

職官

譏父老子代從政

○冬曹伯使其世子射姑

來朝諸侯來曰朝此世子也其言朝何據臣子一例當言聘○射音亦疏諸侯來曰朝○解云隱十一年師解云爾故此弟子執而難之○注據臣至言聘○解云僖元年傳文春秋有譏父老子代從政者則未知其在齊與曹與在齊者世子光也時曹伯年老有疾使世子行聘禮恐卑故使自代朝雖非禮有尊厚魯之心傳見下卒葬詳録故序經意依違之也小國無大夫所以書者重惡世子之不孝甚○齊與音餘絕句下同惡或烏路反疏注在齊至光也○解云即襄九年冬公會晉侯已下齊世子光滕子薛伯小邾婁子伐鄭十一年公會晉侯已下齊世子光莒子邾婁子云云伐鄭是也○注時曹至之心○解云正以十年春卒今又世子代其朝故知其疾也○注傳見至詳録○解云即十年王正月庚申曹伯終生卒夏五月葬曹桓公是也○注故序至孝甚○解云世子代朝明亦合譏世子序諸侯之上明亦合譏而傳云未知在齊曹者正以其卒葬詳録故依違之不信言耳

[illegible]

世大夫父殁先試一年乃命于宗廟

○秋武氏子來求賻。武氏子者何？天子之大夫也。其稱武氏子何？據宰渠氏官，仍叔不稱氏，尹氏不稱子。疏 武氏子者何○解云欲言王臣不言王使，欲言諸侯之臣文無繫國，故執不知問。○注據宰渠氏官者○解云即桓四年夏天王使宰渠伯糾來聘是也。○注仍叔不稱氏○解云即桓五年天王使仍叔之子來聘是也。譏。何譏爾？父卒子未命也。時雖世大夫，緣孝子之心不忍便當父位，故順古先試一年乃命於宗廟。武氏子父新死未命而便爲大夫，薄父子之恩，故稱氏言子見未命以譏之。疏 注時雖世大夫○解云知者正見尹氏之屬故也。○注緣孝至宗廟 解云知如此者正以此經譏父卒子未命而便爲大夫故也

隱三

32

夏四月辛卯尹氏卒尹氏者何天子之大夫也以尹氏立王子朝也○尹氏左氏作君氏朝如字疏尹氏者何○解云欲言諸侯不言國爵欲言外臣而書其卒欲言內臣內無尹氏故執不知問○注以尹氏立王子朝也者○解云在昭二十三年其稱尹氏何据宰渠氏官劉卷卒名○卷音權○疏注据宰渠氏官者○解云即桓四年夏天王使宰渠伯糾來聘是注劉卷卒名者○解云在定四年秋貶曷為貶据俱卒也疏注据俱卒也○解云据劉卷言之○譏世卿世卿者父死子繼也貶去名者氏者起其世也若曰世世尹氏也○去起呂反世卿非禮也禮公卿大夫士皆選賢而用之卿大夫任重職大不當世為其秉政久恩德廣大小人居之必奪君之威權故尹氏世立王子朝齊崔氏世弒其君光君子疾其末則正其本見譏於卒者亦不可造次無故驅逐必因其過卒絕之明君案見勞授賞則衆譽不能進無功案見惡行誅則衆讒不能退無罪○見譏賢徧反下同造七報反疏世卿非禮也○解云詩序云古之仕者世祿也於賢者言之也○注齊崔至君光○解云崔氏世者即宣十年齊崔氏出奔衛傳云崔氏者何齊大夫也其稱崔氏何貶曷為貶譏世卿世卿非禮也者是也言弒其君光者在襄二十五年夏○注君子疾其末○解云即襄二十五年與昭二十三年是也○注則正其本者○解云即此及宣十年是也○注見譏至絕之○解云必因過卒絕之者過即崔氏出奔衛尹氏立王子朝是也卒即此文是也若然尹氏立王子朝還言尹氏而崔杼弒其君光不復言崔氏者正以大夫弒君例稱其名故也○注明君至無功○解云衆譽者若共工驩等迭相為譽之類是也○注案見惡至無罪○解云謂君有明德案見惡行誅則刑不濫也故雖衆讒亦不能退黜無罪之善人也舊云言不能退無罪者謂不能退使無罪非也○外大夫不卒此何以卒据原仲不卒○疏注据原仲不卒○解云即莊二十七年秋公子友如陳葬原仲而經不書原仲之卒是也天王崩諸侯之主也時天王崩魯隱往奔喪尹氏主儐贊諸侯與隱交接而卒恩隆於王者則加禮錄之故為隱恩錄痛之日者恩錄之明當有恩禮○疏注時天至恩禮○解云魯隱奔喪而不書者蓋以得其常故也若遣大夫往則書之即文九年二月叔孫得臣如京師辛丑葬襄王是也彼傳云王者不書葬此何以書不及時書過時書彼注云重錄失時我有往者則書彼注云謂使大夫往也惡文公不自往故書葬以起大夫之會是也○注恩隆至錄之○解云言隱公恩隆於王者則加禮錄其儐贊之人也

33

卅

選舉

譏世卿

四月丙辰日有食之與甲子既同事重故累食疏注與甲子既同○解云即上八年秋七月甲子日有食之既彼注云是後楚莊王圍宋析骸易子伐鄭勝晉鄭伯肉袒晉師大敗于邲中國精奪屬服强楚之應今此與彼同占故曰與甲子既同也○已巳齊侯元卒○齊崔氏出奔衛崔氏者何齊大夫也其稱崔氏何據齊高無咎出奔名連崔氏者與尹氏俱稱氏嫌爲采邑疏崔氏者何○解云欲言大夫而直言崔氏欲言微者而得書于經故執不知問○注據齊至奔名○解云即成十七年秋齊高無咎出奔莒是也○注連崔氏者○解云與尹氏俱稱氏嫌爲采邑者即隱三年夏四月辛卯尹氏卒是也○貶曷爲貶據外大夫奔不貶○疏注據外大夫奔不貶○解云即上引高無咎出奔莒之屬是也譏世卿世卿非禮也復見譏者嫌尹氏王者大夫職重不當世諸侯大夫任輕可出也因齊大國禍著故執可以爲法戒明王者尊莫大於周室彊莫大於齊國世卿猶能危之○疏注復見至世也○解云即隱三年尹氏卒單稱氏已是譏之今復單言崔氏故言復也○注因齊大國至危之○解云欲道等是諸侯科取即得所以不於僖二十八年衛元咺出奔晉之經見之者因齊大國有弒君之禍著明于出奔故也○公如齊不言奔喪者尊内也猶不言朝聘○

34

公宣十

選舉

刺天子諸侯不務求賢而親親、

晉○王札子殺召伯毛伯王札子者何長庶之號也天子之庶兄札者冠且字也禮天子庶兄冠而不名所以尊之子者王子也天子不言子弟故變文王札繫先王以明之不稱伯仲者辟同母兄弟起其爲庶兄也主書者惡天子不以禮尊之而任以權至令殺尊卿二人不言其大夫者挈也惡二大夫居尊卿之位爲下所提挈而殺之大夫相殺不稱人者正之諸侯大夫顧弑君重故降稱人王者至尊不得顧【疏】王札子者何○解云欲言王子以札間之欲言其非而經有王子之文故執不知問○注天子至得顧○解云言禮天子庶兄冠而不名所以尊之者時王之制與春秋同也言既加冠之後天子不復名之所以尊之也云子者王子也天子不言子弟故變文上札繫先王以明之者言子者王子也者主以子在札下故須解之言天子不言子弟者謂不言在位子弟也即文元年注云不稱王子者時天子諸侯不務求賢而專貴親親尤其在位子弟刺其早任以權也是也至於出奔被殺仍自言子弟即王子瑕奔晉天王殺其弟年夫之屬是言故變文者謂變文不言王子也言上札繫先王以明之者謂以札於子上以札近先王明其今王之庶兄矣云不稱伯仲者辟同母兄弟起爲庶兄也者若其與君同母者即稱伯仲字即上十年秋天王使王季子來聘彼傳云其稱王季子何貴也其貴奈何母弟也是也今稱玉札子故言辟同母兄弟起其爲庶兄也云云主書者天子不以禮尊之而任以權至令殺尊卿二人者正以經不稱爵知非公故云不以禮尊之矣正以甚殺二卿故知任以權也云不言其大夫者挈也者由其爲下所提挈而殺之失大夫位故不云大夫也云居尊卿之位者正以稱其五十字知是尊卿耳云大夫相殺不稱人者正之者以文十六年宋人弒其君處臼之下傳云大夫弒君稱名氏賤者窮諸人注云賤者謂士也士正自當稱人大夫相殺稱人賤者窮諸盜注云降大夫使稱人降士使稱盜者所以別死刑有輕重也然則大夫相殺例合稱人今此不稱人者正之使稱王札子故也所以正之者如下云諸侯大夫顧弒君重故降稱人者即大夫弒君稱名氏大夫相殺稱人是也云王者至尊不得顧者言至尊之人無有弒之理不可顧是以大夫相殺不假降之稱人矣○○秋螽從十三年之後上求未已而又歸父比年再出會內計稅畝百姓動擾之應○【疏】注從十三年至之應○解云即上十三年秋螽注云先是新饑而使歸父會齊人伐莒賦斂不足國家遂虛下求不已之應是以此注足之云爾云而又歸父比年再出會者

公宣十五

35

老

選舉

不正父在子代仕

○天王使任叔之子來聘任叔天子之大夫○任叔音壬左氏作仍叔任叔之子者録父以使子也故微其君臣而著其父子不正父在子代仕之辭也録父使子謂不氏名其人稱父言子也君闇劣於上臣苟進於下蓋參譏之疏注參譏之釋曰君闇劣於上臣苟進於下止是二譏而言參者舊解傳言微其君臣而著其父子是譏其父之不肖而令苟進更又刺其君臣故曰參譏之或以爲參者交互之義不讀爲三理亦得通

穀桓五

36

144

夫稱仍叔之子本於父字幼疏注仍叔至出聘。正義曰天子大夫例皆書字仍氏叔字知是天子大夫也公羊穀梁
弱之辭也譏使童子出聘皆以仍叔之子爲父老代父從政左氏直云弱也言其幼弱不言父在則是代父嗣位
非父在也伯糾身未居官攝行父事故稱名以貶之此子雖己嗣位而未堪從政故繫父
以譏之義王使童子出聘也蘇氏用公羊穀梁之義以爲父老來聘非父沒義或當然○葬陳桓公無傳○城祝
之子。弱也仍叔之子來聘童子將命無速反之心久留在魯故經書夏聘傳釋之於末秋疏注仍叔至末秋。正義曰此子來聘傳雖不言聘伐鄭而遣告魯也經在伐鄭之上傳在伐鄭之下○仍叔
梁意故注者原之以爲童子將命無速反之心久留在魯故經書夏聘傳釋之於末秋譏其夏至而秋末反也悪蓋爲將
秋大雩則秋末爲末注云末秋者上有秋王以諸侯伐鄭此仍叔之文在秋事之末故云末秋也下文更云秋者其必有
顯天時更。句更言
別言秋自爲欲

○天王使仍叔之子來聘仍叔天子之大

童子出聘

31

四

選舉

其君之舉也內姓選於

親外姓選於舊言親疏並用舉不失德賞不失勞老有加惠賜老則不計勞旅有施舍旅客來者施之以惠舍不勞役疏其君至施舍。正義曰內姓謂同姓也其君之舉用人也於同姓則選之於親於外姓則選之於舊於親內選賢言唯賢是任不以親以舊便卽用之所舉不失有德所賞不失有勞必有德乃舉有勞乃賞言不賞無勞不舉無德臣民年老有加增恩惠外來旅客有施舍常法謂羈旅之臣以其新來施以恩惠舍不勞役也。注賜老則不計勞。正義曰老有加惠當謂年老有加增恩惠不論有勞與無勞也劉炫云老者當有恩惠之賜非勞役之限但恩惠則賞賜之以文連賞不失勞之下故杜云賜老則不計勞劉炫以不計勞之文而規杜氏一何煩碎君子小人物有服章尊卑別也。別彼列反貴有常尊賤有等威威儀有等差。差初佳反又初宜反疏注威儀有等差。正義曰言貴有常尊則當云賤有常卑而云賤有等威者威儀等差文兼貴賤旣屬常尊於貴遂屬等威於賤使互相發明耳禮不逆矣德立刑行政

宣十二

38

謀在前年〇冬邾黑肱以濫來奔賤而書名重地故也黑肱非命卿故曰賤君子曰名之不可不慎也如是是黑

肱也夫有所有名而不如其已有所謂有地也言雖有名不如無名已止也以地叛雖賤必書地以名其人終為不義

弗可滅已是故君子動則思禮行則思義不為利回回正心也○不為于偽反下不為同不為義疚疚病也見義則為之○疚久又

反或求名而不得或欲蓋而名章懲不義也齊豹為衛司寇守嗣大夫守先人嗣言其尊○懲直升反下同作

而不義其書為盜求名而不得也二十年豹殺衛侯兄縶欲求不畏彊禦之名邾庶其在襄二十一年莒牟夷在五年邾黑肱以土地出求

食而已不求其名賤而必書春秋叛者多惟取三人來適魯者三人皆小國大夫故曰賤此二物者所以懲肆而去貪也物事也肆

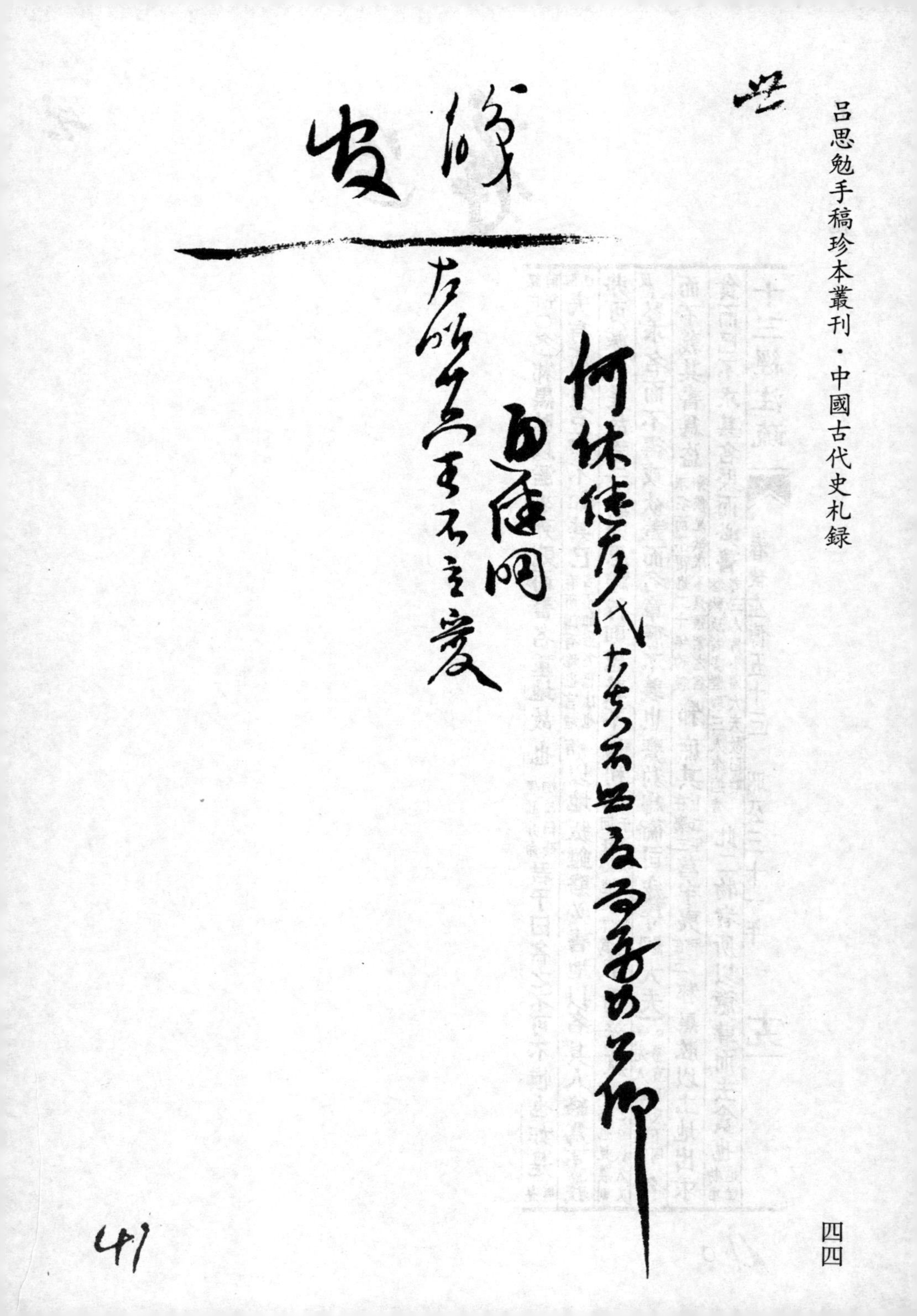

收賦

何休徒言[illegible]代[illegible]出及[illegible]

[illegible]

[illegible]之事不言[illegible]

41

第 選舉

子西子西曰勝如卵余翼而長之以鳥爲喻○女音汝卵來管反長丁丈反楚國第用士之次第○第大細反我死令尹司馬非勝而誰勝聞之曰令尹之狂也得死乃非我言我必殺之若得自死我乃不復成人○復扶又反子西不悛

第六 42

異等殊友

傳五年春晉圍柏人荀寅士吉射奔齊初范氏之臣王生惡張柳朔言諸昭子使為柏人為柏人宰也昭子范吉射也○惡烏路反下同柳良久反昭子曰夫非而讎乎對曰私讎不及公公家之事也○夫音扶好不廢過惡不去善義之經也臣敢違之及范氏出出柏人奔齊○好呼報反去起呂反張柳朔謂其子爾從主勉之我將止死王生授我矣授我死節吾不可以僭之遂死於柏人為吉射距晉戰死○僭子念反後同為于僞反○夏趙鞅伐衛范氏之故也

哀五

43

貢

選舉

三年一貢士于天子，以命与諸侯，輔助為政

大次小國舉三二一人

〇夏單伯逆王姬單伯者何吾大夫之命乎天子者也以稱字也禮諸侯三年一貢士於天子天子命與諸侯輔助爲政所以通賢共治示不獨專重民之至大國舉三人次國舉二人小國舉一人〇單伯音善後放此逆王姬左氏作送王姬治直吏反疏單伯者何〇解云若言內臣而逆王女若言王臣文無王使故執不知問〇注以稱字也解云諸侯之大夫例合稱名若貢于天子理宜尊異是以見其稱字如其貢于天子〇注諸至一人〇解云皆書傳文射義云古者天子之制諸侯歲獻貢士于天子天子試之於射宮鄭注云歲獻獻國事之書及計偕物也三歲而貢士舊說云大國三人次國二人小國一人者是與此同何以不稱使據公子遂如京師言如者內稱使之文疏注據公子遂如京師言如者內稱使之文〇解云公子遂如京師者僖三十年經文也言如者內稱使之文者欲道傳云何以不稱使者問經不道單伯如京師之意天子召而使之也

其名

疏子謂子夏曰女爲君子儒無爲小人儒○正義曰此章戒子夏爲君子也言人博學先王之道以潤其身者皆謂之儒但君子則將以明道小人則矜其才名言女當明道無得矜名也

子游爲武城宰包曰武城魯下邑子曰女得人焉耳乎孔曰焉耳乎皆辭曰有澹臺滅明者行不由徑非公事未嘗至於偃之室也包曰澹臺姓滅明名字子羽言其公且方

疏子游至室也○正義曰此章明子羽公方也子游爲武城宰者武城魯下邑子游時爲之宰也子曰女得人焉耳乎者孔子問子游言女在武城得其有德之人乎焉耳乎皆語助辭曰有澹臺滅明者此子游對孔子言已所得之人也姓澹臺名滅明行不由徑非公事未嘗至於偃之室也者此言其人之德也行遵大道不由小徑是方也若非公事未嘗至於偃之室是公也既公且方故以爲得人○注包曰至且方○正義曰史記弟子傳云澹臺滅明武城人字子羽少孔子三十九歲狀貌甚惡欲事孔子孔子以爲材薄既已受業退而脩行名施乎諸侯孔子聞之曰吾以貌取人失之子羽是亦弟子也故注不言弟子者從可知也云言其公且方者公無私也方正直也

候

選舉權

私人

大衆私人之分子多係足識　得私人於家人也足識

於之無也　且多無之少人則斯此許年年方得甲

謂之證私家之中人為領者白云　選之大私人者伯

有之士人仍士將大家以且為私人均傳即私人家且也

有因徵之士無私人之立　大論之大夫私事請私人權之理

然私私家諸之之私人飢然十月總理

又

選舉（親族）

以鄉三物教萬民而賓興之一曰六德知仁聖義忠和二曰六行孝友睦婣任恤三曰六藝禮樂射御書數物猶事也興猶舉也民三事教成鄉大夫舉其賢者能者以飲酒之禮賓客之既則獻其書於王矣知明於事仁愛人以及物聖通而先識義能斷時宜忠言以中心和不剛不柔善於父母爲孝善於兄弟爲友睦親於九族婣親於外親任信於友道恤振憂貧者禮五禮之義樂六樂之歌舞射五射之法御五御之節書六書之品數九數之計○知音智行下孟反婣音因

疏 以鄉至書數○釋曰物事也司徒主六鄉故以鄉中三事教鄉內之萬民也興舉也三物教成行鄉飲酒之禮尊之以爲賓客而舉之三物者則下一曰二曰三曰是也○注民三至之計○釋曰云民三事教成鄉大夫舉其賢者能者以飲酒之禮賓客之既則獻其書於王矣者此並鄉大夫職文云知明於事者謂於前事不惑若四十而不惑也云仁愛人以及物者仁者內善於心外及於物謂若行葦詩美成王云敦彼行葦牛羊勿踐履是愛人及於葦葦即物也云聖通而先識者案襄二十二年臧武仲如晉雨過御叔御叔在邑將飲酒曰焉用聖人何休云說左氏傳者曰春秋之志非聖人孰能脩之言夫子聖人乃能脩之御叔謂臧武仲爲聖人是非獨孔子玄箴之曰武仲者述聖人之道魯人稱之曰聖今使如晉過御叔御叔不說學見武仲而雨行傲之云焉用聖人爲左氏傳載之者非御叔不說學不謂武仲聖與孔子同若然此云聖亦與武仲同是皆述聖人之道云義能斷時宜者義宜也謂斷割合當時之宜也云忠言以中心者此以字解之如心曰恕如下從心中心曰忠中下從心謂言出於心皆有忠實也云和不剛不柔者謂寬猛相濟者也云善於父母爲孝善於兄弟爲友者案爾雅云張仲孝友善父母爲孝善兄弟爲友彼不言於此鄭云善於父母善於兄弟言於者凡言孝友非直甘肴先奉昏定晨省而已謂若禮記祭義云孝者先意承志諭父母於道國人稱之曰幸哉有子若是如此美行乃所爲父母兄弟所善故鄭云善於父母爲孝善於兄弟爲友也云睦親於九族者堯典云九族旣睦是睦親於九族也九族者上至高祖下至玄孫旁及緦麻之內也云婣親於外親知婣是親於外親者此云睦施於九族明此婣是親於外親也左傳云士踰月外姻至亦據外親之等外親者則妻族母族是也此婣對睦施於外親若不對睦亦施於內親故論語云因不失其親喪服傳云與因母同此皆施於內親也云任信於友道者謂朋友有道德則任信之故論語云信則人任焉是也云恤振憂貧者者恤訓爲憂振訓爲救故知恤振憂貧者也云禮五禮之義自此已下至九數皆取義於保氏案保氏職掌養國子以道教之六藝一曰五禮二曰六樂三曰五射四曰五御五曰六書六曰九數案彼注云五禮者玄謂吉凶賓軍嘉六樂者玄謂雲門大咸大韶大夏大濩大武五射者先鄭云白矢參連剡注襄尺井儀五御者先鄭云鳴和鸞逐水曲過君表舞交衢逐禽左六書者先鄭云象形會意轉注處事假借諧聲九數者先鄭云方田粟米差分少廣商功均輸方程贏不足旁要此九章之術是也彼注又云今有重差夕桀句股此經直陳六藝保氏各有其數故注保氏具釋之注此直取保氏經以釋之五禮言義者以其吉凶之等各有其義樂言歌舞者以其作樂時有升歌下舞射言法者以其有升降揖讓之法御言節者四馬六轡有進退之節書言品者形聲處事差品不同數言計者有多少筭計各逐義强生稱

55

選大[illegible][illegible]

三年大比則大攷州里以贊鄉大夫廢興。廢興所廢退所興進也鄭司農云贊助也

【疏】三年至廢興○釋曰州長至三年大案比之日則大考州里者謂年年考詁至三年則大考之言大者時有黜陟廢興故也

州長[illegible]大比

（[illegible]）

56

選舉(附村社)

鄉大夫受教法于司徒頒之其鄉吏(州長以下)使攷

其德行(六德六行)察其道藝(六藝) 三年

興賢能

侯

廣民與村社同其職分屬則爲年度之總攷村之會

容得爲賓

與村社不爲鄉大夫

正月之吉受教灋于司徒退而頒之于其鄉吏使各以教其所治以攷其德行察其道藝其鄉吏州長以下。治直吏反下考治下治所治處同行下孟反下及注德行之行六行皆同 疏 正月至道藝。○釋曰言正月之吉者謂建子之月朔之日云受法於司徒者謂若大司徒職十二教已下其法皆受於司徒而來云退而頒之于其鄉吏者謂已於司徒受得教法遂分與州長已下至比長云使各以教其所治者亦謂州長已下至比長各教所治也云攷其德行者謂鄉大夫以鄉三物教萬民遂考校其萬民有六德六行之賢者云察其道藝者謂萬民之中有六藝者並擬賓之○注其鄉吏州長以下。○釋曰以其比長以上至州長皆屬鄉大夫故知鄉吏州長以下至此長

六

則大比攷其德行道藝而興賢者能者鄉老及鄉大夫帥其吏與其衆寡以禮禮賓之賢者有德行者能者有道藝者衆寡謂鄉人之善者無多少也鄭司農云興賢者謂若今舉孝廉興能者謂若今舉茂才賓敬也敬所舉賢者能者玄謂變舉言興者謂合衆而尊寵之以鄉飲酒之禮禮而賓之 疏 三年至賓之。釋曰三年一

三年

閭天道小成則大案比當鄉之內云考其德行道藝者德行謂六德六行道藝謂六藝云而興賢者則德行之人也能者則道藝之人也云鄉老及鄉大夫帥其吏者謂州長以下云與其衆寡者謂鄉中有賢者皆集在庠學云以禮禮賓之者以用也用鄉飲酒之禮以禮賢者能者賓客之舉○注賢者至賓之○釋曰云賢者有德行者欲見賢與德行爲一在身爲德施之爲行內外兼備卽爲賢者也云能者有道藝者鄭亦見道藝與能爲一上注云能者政令行其身有道藝則政教可行是能者也云衆寡謂鄉人之善者無多少也者案鄉飲酒堂上堂下皆有衆賓不言其數此經衆寡兩言無問多少皆來觀禮故云無多少也鄭司農云若今舉孝廉及茂才者孝悌廉絜人之德行故以孝廉況賢者茂才則秀才也才人之技藝故以況能者也玄謂變舉言興者案禮記文王世子云或以事舉或以言揚故今責人皆稱舉今變舉言興云謂合衆而尊寵之者合衆即此經云鄉老及鄉大夫已下是也云鄉飲酒之禮者則儀禮篇飲酒賓舉之法是也

厥明鄉老及鄉大夫羣吏獻賢能之書于王王再拜受之登于天府內史貳之厥其也其賓之明日也獻猶進也王拜受之重得賢者王上其書於天府天府掌祖廟之寶藏者內史副寫其書者當詔王爵祿之時○上其時掌反藏才浪反【疏】厥明至貳之○釋曰厥明者謂今日行鄉飲酒之禮也至其明日表奏於王○注厥其至之時○釋曰云天府掌祖廟之寶藏者是春官天府職文也引之者欲見天府掌寶物賢能之書亦是寶物故藏於天府云內史副寫其書者貳副也內史副寫一通文書擬授爵祿案內史職有策命諸侯羣臣之事故使內史貳之

退而以鄉射之禮五物詢衆庶一曰和二曰容三曰主皮四曰和容五曰興舞以用也行鄉射之禮而以五物詢於衆民鄭司農云詢謀也問於衆庶寧復有賢能者和謂閨門之內行也容謂容貌也主皮謂善射射所以觀士也故書舞爲無杜子春讀和容爲和頌謂能爲樂也無讀爲舞謂能爲六舞玄謂和載六德容包六行也庶民無射禮因田獵分禽則有主皮主皮者張皮射之無侯也主皮和容興舞則六藝之射與禮樂與當射之時民必觀焉因詢之也孔子射於矍相之圃蓋觀者如堵牆射至於司馬使子路執弓矢出誓射者又使公罔之裘序點揚觶而語詢衆庶之儀若是乎○寧復扶又反下猶復同皮射之食亦反樂與音餘矍俱縛反本或作矍音同相息亮反堵丁古反觶支豉反【疏】退而至興舞○釋曰言退者謂獻賢能之書於王退來鄉內云以鄉射之禮者州長春秋二時習射於序名爲鄉射今鄉大夫還用此鄉射之禮云五物詢衆庶者物事也一曰二曰已下是也○注以用也至是乎○釋曰行鄉射之禮者案今儀禮鄉射云豫則鉤楹內堂則由楹外又云序則物當棟堂則物當楣堂謂鄉學據鄉大夫所行射禮也豫謂州長春秋二時習射於序司農云和謂閨門之內行也者以其父子主和故和謂閨門之內行也云容謂容貌也者以其容是容儀故知容貌也後鄭不從此義杜子春讀和容爲和頌謂能爲樂也者興舞即舞樂今又以和容謂能爲樂故後鄭亦不從玄謂和載六德容包六行也者破司農子春之義案大司徒以鄉三物教萬民教成則興之明此詢者還是三物之內不是三物之外別有和容又且主皮興舞是六藝之內明此和容是六德六行之中在下謂之載和在六德之下故云和載六德云容包六行者在上謂之包容則孝也孝在六行之上故云容包六行必知容得爲孝者案書高堂生善爲容容則禮也善爲孝者必合於禮之容儀故以孝爲容者也云庶民無射禮者天子至士有大射燕射賓射之等庶人則無此射禮故云無射禮也云因田獵分禽則有主皮者案大司馬職大獸公之小禽私之者至舍更與在田之人射則取之則有云主皮主皮者張皮射之無侯也者自士已上張皮侯采侯獸侯庶人主射此皮故云主皮無侯也云主皮和容興舞則六藝之射與禮樂與者以此三者當之故以主皮當射和容當禮興舞當樂若然三物之中其事一十有八今六德之中唯問和六行之中唯問容六藝之中唯問禮樂獨問此者既貢賢於王其餘則未能盡備故略舉五者以問之六德是其大者故問下之和者六行是其小者故問上之孝者也六藝之中禮以安上治民樂以移風易俗男子生設弧於門左射則是男子之事此者人行之急故特言之自餘略而不論又云當射之時民必觀焉因詢之也者案鄉射記唯君有射于國中其餘則

否注云臣不習武事於君側以其鄉射在城外衆庶皆觀焉故得詢此五物云孔子射於矍相之圃已下者此是禮記射義文天子諸侯射先行燕禮鄉大夫士射先行鄉飲酒之禮時孔子爲鄉大夫鄉射之禮先行飲酒禮故云孔子射於矍相之圃矍相地名以其臣不得在國射故射於矍相之圃蓋觀者如堵墻者以其鄉內衆庶皆集在射所故云觀者如堵墻云射至於司馬者以其飲酒之禮必立司正於將射變司正爲司馬也案鄉射大射司射執弓矢今此云子路執弓矢則子路爲司射也云子路出誓者以其衆庶多不可盡與之射故誓去之云又使公罔之裘序點揚觶而語者案鄉飲酒之禮一人舉觶爲旅酬始二人舉觶爲無筭爵始射在無筭爵前今誓在無筭爵後者但射實在無筭爵前今未射之前用此無筭爵禮二人舉觶之法以誓衆庶耳非謂此射在無筭爵後云諭衆庶之儀若是乎者孔子謂諸侯鄉大夫此經是天子鄉大夫引彼以證此故云乎以疑之

此謂使民興賢出使長之

使民興能入使治之

言是乃所謂使民自舉賢者因出之而使之長民教以德行道藝於外也使民自舉能者因入之而使之治民之貢賦田役之事於內也言爲政以順民爲本也書曰天聽明自我民聽明天明威自我民明威老子曰聖人無常心以百姓心爲心如是則古今未有遺民而可爲治

【疏】此謂至治之。釋曰言此謂使民興賢者謂上經賓舉者皆民中舉之還使治民故云此謂使民興賢出使長之謂使鄉外與民爲君長云使民興能入使治之者謂能者復來入鄉中治民之貢賦。注言是至爲治。釋曰云使民自舉賢者因出之而使之長民教以德行道藝於外也者以賢者德大故遣出外或爲都鄙之主或諸侯皆可也以其自有德行道藝故還使之教民以德行道藝云使民自舉能者因入之而使之治民之貢賦田役之事於內也者以其能者德小不可以爲大夫諸侯等故還入鄉中量德大小以爲比長鄰長已上之官治民之貢賦田役於內也云言爲政以順民爲本也者禮記云上酧民言則下天上施上不酧民言則下不天上施故言爲政以順民爲本也書曰天聽明已下是僞書咎繇篇之文也自用也言天雖聰明視聽既遠不自用己之聰明用民之聰明民之歸者則援之以天位謂若湯武是也天明威自我民明威者威畏也天雖明察可畏不自用己之明威用我民明威民所叛者則討之謂若桀紂是也云老子曰聖人無常心以百姓心爲心者但聖人形如枯木心若死灰空洞無我故無常心以百姓之心爲心引之者證順民爲本之意云如是則古人未有遺民而可爲治者天聽明是古老子與此文爲今皆順民爲治故云古今未有遺民而可爲治也

長少好飲食般出不仕
按當人皆稱其賢而吏舉善者

者有罪無赦。耕者出入不應於父兄。用力不農。不事賢行。此三者有罪無赦。告國子曰。工賈出入不應父兄。承事不敬。而違老治危。危傾險也行此三者。有罪無赦。凡於父兄無過。州里稱之。吏進之。君用之。無過於父兄見稱於州里吏進此人君必用之有善無賞。有過無罰。

埽葉山房石印

後有善過而舉不賞罰以其出於衆人自然也若吏以賞罰無與己而不舉則廉察其意而罪之至於人不稱其賢而吏舉者

吏不進。廉意。有善不能賞有過不能罰吏則苟免而已故不進廉意也於父兄無過。於州里莫稱。吏進之。君用之。善為上賞。不善吏有罰。雖無過於父兄而州里不稱吏進此人君承用之其人善則吏受上賞不善則吏當罰君謂國子。凡貴賤之義。入與父俱。父貴而子賤也出與師俱。師貴而資賤也上與君俱。君貴而臣賤凡三者遇賊不死。不知賊。則無赦。言人於此三者所在當致死所謂在三如一今賊將害此三者遇之而不能死有賊而又不知則不臣不子也故無赦也斷獄情與義易。義與祿易。凡斷獄者所以止罪邪止罪邪所以興禮義今犯罪者非以乖僻易義則以姦偽易祿也易祿可無歛。有可無赦。姦偽易祿者既當罰其罪可無歛其祿然今所有罪必無赦之也

不與其罰蓋以他國故不連及也

凡縣吏進諸侯士而有善。觀其能之大小以為之賞。有過無罪。賞雖過能亦不罪也令鮑叔進大夫勸國家。升進大夫令之勉營國家之事得之成而不悔為上舉。得此大夫故有成功終日允當無有可悔如此者舉善之上從政治為次。所進大夫從政而能理者次上成功也野為原。又多不發。起訟不驕。次之。所進大夫有能勸勉農人開闢荒野皆為原田又教之和通不相告發雖有起而訟者莫不恭恪不敢為驕

施飢而税不飢桓公使鮑叔識音志君臣之有善者。晏子識不仕與耕者之有善者。不仕謂餘子未仕者高子識工賈之有善者。國子為李。李獄官也隰朋為東國。賓胥無為西土。弗鄭為宅。為宅掌修除宮室凡仕者近宮。仕者有公事職務故近宮不仕與耕者近門。不仕與耕者當出入田野故近於外門工賈近市。

批

選舉一

二百人之例

闈中每人以萬六千兩戴記

58

叙

筆談

觀人之術

呂氏論人

60

選舉一

（服行也先自行法以率八）凡論人有要（論人才行各有綱要）矜物之人無大士焉（大士不矜謙而接物）彼矜者滿也滿者虛也（所謂滿招損者也）滿虛在物在物為制也（既滿而虛則制之在物）矜者細之屬也（自矜者小人之類）凡論人而遠古者無高士焉（高士必順考古道也）既不知古而易其功者無智士焉（智士必知古而謹功也）德行成於身而遠古卑人也士無資遇時而簡其業者愚士也（德行雖曰成而乃遠古卑人則是事無資稟若遇有道之時其業必見簡棄知此者可謂愚士）釣名之人無賢士焉（賢士必修實而成名）釣利之君無王主焉（王主必度義而取利）賢人之行其身也忘其有名也王主之行其道也忘其成功也賢人之行王主之道其所不能已也（不能已而後動）明君公國一民以聽於世（賢明之君必公誠於國以一其民人之心）忠臣直進以論其能（忠臣必直道而求進）明君不以祿爵私所愛（唯賢是與）忠臣不誣能以干爵祿（量能而受祿也）君不私國臣不誣能行此道者雖未大治正民之經也（治雖未大

選舉 [illegible]

~~[illegible]~~

大戴記文王官人

一曰：誠在其中，此見於外。以其見占其隱，以其細占其大，以其聲處其氣。初氣主物，物生有聲，聲有剛有柔，有濁有清，有好有惡，咸發於聲也。心氣華誕者，其聲流散；心氣順信者，其聲順節；心氣鄙戾者，其聲斯醜；心氣寬柔者，其聲溫和。信氣中易，義氣時舒，智氣簡備，勇氣壯直。聽其聲，處其氣，考其所為，觀其所由，以其前占其後，以其見占其隱，以其小占其大，此之謂視中也。

喜怒欲懼憂

選舉

（周書官人、大戴記文王官人）曰：民有五氣：喜怒欲懼憂也。喜氣內畜，雖欲隱之，陽喜必見；怒氣內畜，雖欲隱之，陽怒必見；欲氣內畜，雖欲隱之，陽欲必見；懼氣內畜，雖欲隱之，陽懼必見；憂悲之氣內畜，雖欲隱之，陽憂必見。五氣誠於中，發刑于外，民情不隱也。喜色猶然以出，怒色拂然以侮，欲色嫗然以愉，懼色薄然以下，憂悲之色纍然而靜。誠智必有難盡之色，誠仁必有可尊之色，誠勇必有難懾之色，誠忠必有可親之色，誠絜必有難污之色，誠靜必有可信之色。

邑邑縣縣邑皓然固矣備備邑邑縣然氣以煩煩雖則故改之之中邑

物向縣縣也雖未所知此之語薇邑邑之

74

○子曰。視其所以。

觀其所由。

察其所安。

人焉廋哉。人焉廋哉。焉於虔反廋所留反

且曰晉大夫與楚孰賢對曰晉卿不如楚其大夫則賢皆卿材也如杞梓皮革自楚往也 杞梓皆木名○杞梓徐上音起下音子 雖楚有材晉實用之 言楚亡臣多在晉 子木曰夫獨無族姻乎 夫謂晉 對曰雖有而用楚材實多歸生聞之 歸生聲子名 善為國者賞不僭而刑不濫賞僭則懼及淫人刑濫則懼及善人若不幸而過寧僭無濫與其失善寧其利淫無善人則國從之 從之亡也○僭子念反下皆同濫力暫反 疏 賞不僭而刑不濫○正義曰僭謂僭差濫謂濫佚賞不僭所賞必有功不僭差也刑不濫所刑必得罪不濫佚也 詩曰人之云亡邦國殄瘁無善人之謂也 詩大雅殄盡也瘁病也○殄徒典反瘁在醉反 疏 詩曰至謂也○正義曰詩大雅瞻卬之篇也言國內賢人之既云已喪亡矣則邦國盡皆困病此詩之意言無善人之謂也 故夏書曰與其殺不辜寧失不經懼失善也 逸書也不經不用常法 疏 故夏至善也○正義曰此在大禹謨之篇皋陶論用刑之法也經常也言若用刑錯失等與其殺不辜之人寧失於不常之罪謂實有罪而失於妄免也此書之意懼失善也 商頌有之曰不僭不濫不敢怠皇命于下國封建厥福 詩商頌言殷湯賞不僭差刑不濫溢不敢怠解自寬暇故能為下國所命為天子○解佳賣反 疏 注為下至天子○正義曰此商頌殷武之篇詩注謂天命湯於在下之國此云為下國所命謂下國諸侯推命湯為天子則商書云東征西夷怨南征北狄怨又云室家相慶曰后來其蘇是也 此湯所以獲天福也古之治民者勸賞而畏刑 樂行賞而憚用刑 恤民不倦賞以春夏刑以秋冬 順天時 是以將賞為之加膳加膳則飫賜 飫饜也酒食賜下无不饜足所謂加膳也○為之于僞反下為之不舉同飫於據反饜本亦作厭於豔反下同 此以知其勸賞也將刑為之不舉不舉則徹樂 不舉盛饌○饌士眷反 疏 將刑至徹樂○正義曰周禮膳夫職云王日一舉鼎十有二物皆有俎以樂侑食鄭玄云殺牲盛饌曰舉又曰大喪則不舉大荒則不舉大札則不舉天地有災則不舉邦有大故則不舉鄭衆云大故刑殺也莊二十年傳曰司寇行戮君為之不舉是禮法將刑為之不舉也舉則以樂勸食不舉故徹去樂縣大司樂云大札大凶大災大臣死國之大憂令弛縣鄭玄云弛釋下之釋下即是徹縣也大司樂弛縣之內不言刑殺大故文不具耳 此以知其畏刑也夙興夜寐朝夕臨政此以知其恤民也三者禮之大節也有禮無敗今楚多淫刑其大夫逃死於四方而為之謀主以害楚國不可救療所謂不能也 療治也所謂楚人不能用其材也○朝如字療力召反

奴

羣隸

奴女

以宰予問蔫如產僕人是亦號人，可任帥率族，老石牲奴臧

以人

77

問士之有田宅身在陳列者幾何人餘子之勝甲兵有行伍者幾何人問男女有巧伎能利備用者幾何人能利備器之用處女操工事者幾何人能操女工之事謂綺繡之屬也冗國所開口而食者幾何人言其不農作直開口仰食問一民有幾年之食也問兵車之計幾何乘也牽家馬軶家車者幾何乘牽家馬言直有馬軶家車言直有車相配以成乘處士修行足以教人可使帥眾涖百姓者幾何人士之急難可使者幾何人謂士之可以急難使者工之巧出足以利軍伍處可以修城郭補守備者幾何人其人既有技巧出用則能利軍居處則可以修城補備也城粟軍糧其可以行幾何年也行由經也城粟謂守城之粟軍糧謂出軍之糧二者可經幾年吏之急難可使者幾何人大夫疏器疏謂飾畫也甲兵兵車旌旗鼓鐃帷幕帥車之載幾何乘載謂其車蓋疏藏器疏畫而可以藏者弓弩之張弓弩之可以張者衣夾鋏鋏兩刃鈹也衣夾謂其衣也鉤弦之造

處

選舉

居士

玉藻居士錦帶注居士道藝處士也

29

錮

○秋欒盈自楚適齊晏平仲言於齊侯曰商任之會受命於晉（受錮欒氏之命）今納欒氏將安用之小所以事大信也失信不立君其圖之弗聽退告陳文子曰君人執信臣人執共忠信篤敬上下同之天之道也君自棄也弗能久矣（爲二十五年齊弑其君光傳）

襄廿二

錮

選舉

○冬會于沙隨復錮欒氏也（晉知欒盈在齊故復錮也○復扶又反注同下復使下注復生不復行皆同）欒盈猶在齊晏子曰禍將作矣齊將伐晉不可以不懼（爲明年齊伐晉傳）

襄廿一

趙鞅荀寅之徒豈皆可使放肆而書其叛乎且傳文不言書經之意知之不爲經也故杜以爲叛不告故不書耳○晉將嫁女于吳齊侯使析歸父媵之以藩載欒盈及其士（藩車之有障蔽者使若媵妾在其中○析星歷反媵以證反又繩證反藩方元反注同障之亮反又音章）疏（晉將至媵之○正義曰晉將嫁女爲吳之夫人齊以女爲媵使析歸父送媵女於晉令與適俱行也禮媵同姓適異姓今晉嫁女於同姓齊以異姓爲媵皆非禮也而不言非禮者但傳本主說欒盈不言事之可否）納諸曲沃（欒盈邑也）

襄廿三

80

錮（刑上）（筆記）

○冬曹武公來朝始見也即位三年始來見公○會於商任錮欒氏也禁錮欒盈

襄廿一

使諸侯不得受○錮音固齊侯衞侯不敬叔向曰二君者必不免會朝禮之經也禮政之輿也政須禮而行政

81

錮 [redacted] （筆選）

衛風淫奔之詩及鄭使介反幣而以夏姬行介副也幣聘物○介音界將奔齊齊師新敗曰吾不處不勝之國遂奔晉而因郤至至郤克族子疏注至郤克族子○正義曰世本郤豹生冀芮芮生缺缺生克又云豹生義義生步揚揚生蒲城鵲居居生至如世本克是豹之曾孫至是豹之玄孫於克爲二從兄弟子以臣於晉晉人使爲邢大夫邢晉邑○邢音刑子反請以重幣錮之禁錮勿令仕○錮音固令力呈反疏注禁錮勿令仕○正義曰說文云錮鑄塞也鐵器穿穴者鑄鐵以塞之使不漏禁人使不得仕宦者其事亦似之故謂之禁錮今世猶然王曰止其自爲謀也則過矣其爲吾先君謀也則忠忠社稷之固也所蓋多矣蓋覆也○自爲于僞反又如字爲吾于僞反且彼若能利國家雖重幣晉將可乎言不許若無益於晉晉將弃之何勞錮焉爲七年楚滅巫臣族晉南通吳張本○晉師歸范文子後入武子曰無爲吾望爾也乎武子

左成二

82

游

管子法禁篇：修行則不以親為本，治事則不以官為主，舉無能，進無功者，聖王之禁也。

（又）交人則以為己之賜，舉人則以為己勞，仕人則與分其祿者，聖王之禁也。

86

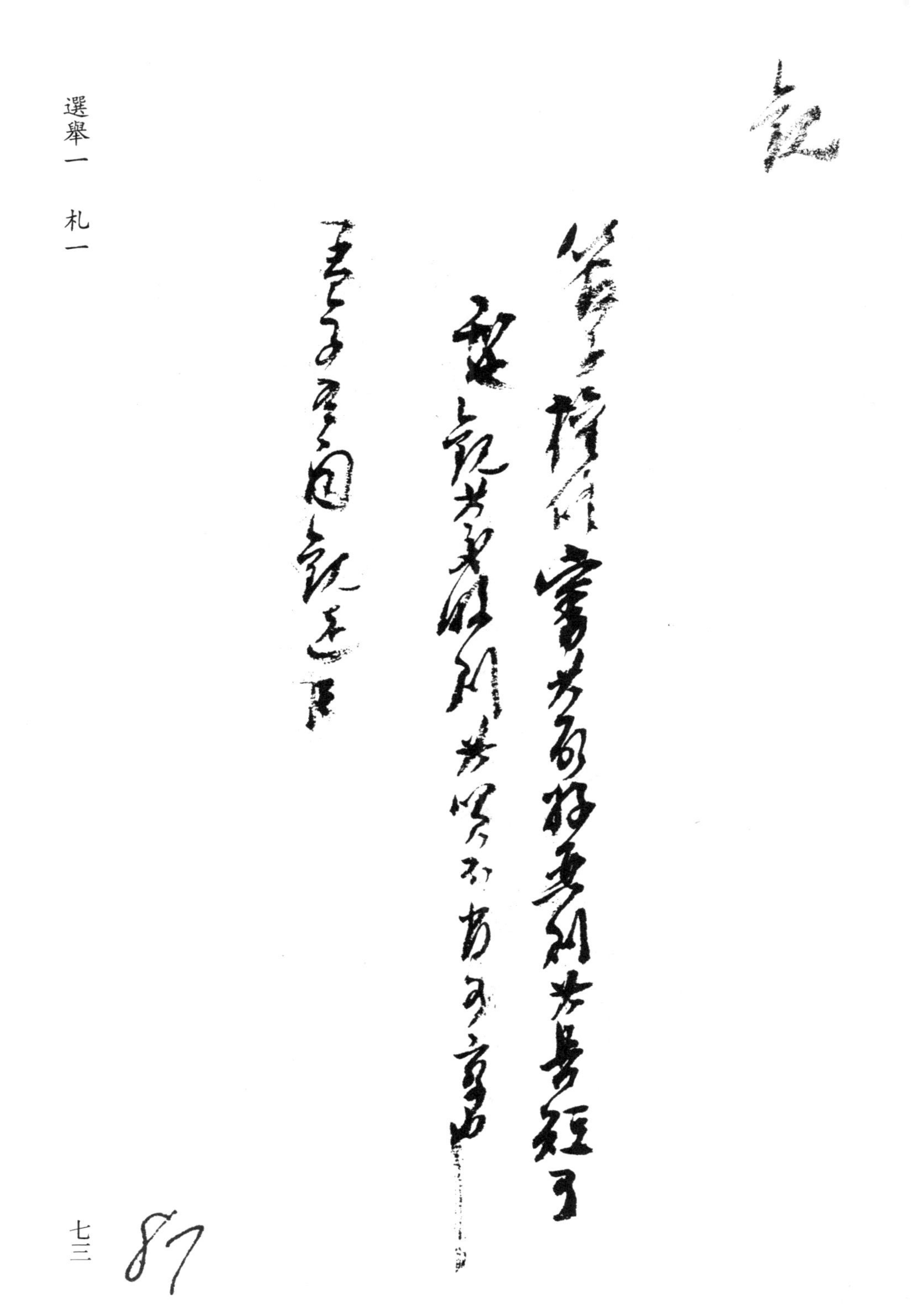

[illegible]

德功祿

管子立政：君之所審者三：一曰德不當其位，

二曰功不當其祿，三曰能不當其官。

國有德義未明於朝而處尊位者，則

良臣不進；有功力未見於國而有重祿者，

則勞臣不勸；有臨事不信於民而任大

官者，則材臣不用。

88

諾

從前承諭云云先生不能諾而自與為信云云

先生乃能諾而未肯相負

「國語要[illegible] 稿成 當自功力不可占」

[illegible]之義 [illegible]近者論中外之學

90

皆可任也　至[illegible]電[illegible]　至於各省各[illegible]

誠其制則不問公正與否　無良之害其做也不

可[illegible]信　陸[illegible]亦私理　其為之要義　是何人

用其私盾　並其制而[illegible]其所用　[illegible]與古

利其[illegible]黨與國家之　不足為自此

[illegible]矣

91

（三）又云政當主其事者乃制例乃推之主私理為經于利世之家矣

（四）佛學所謂非上以為宗者而立之法制藏

又居于國其文去王之語也

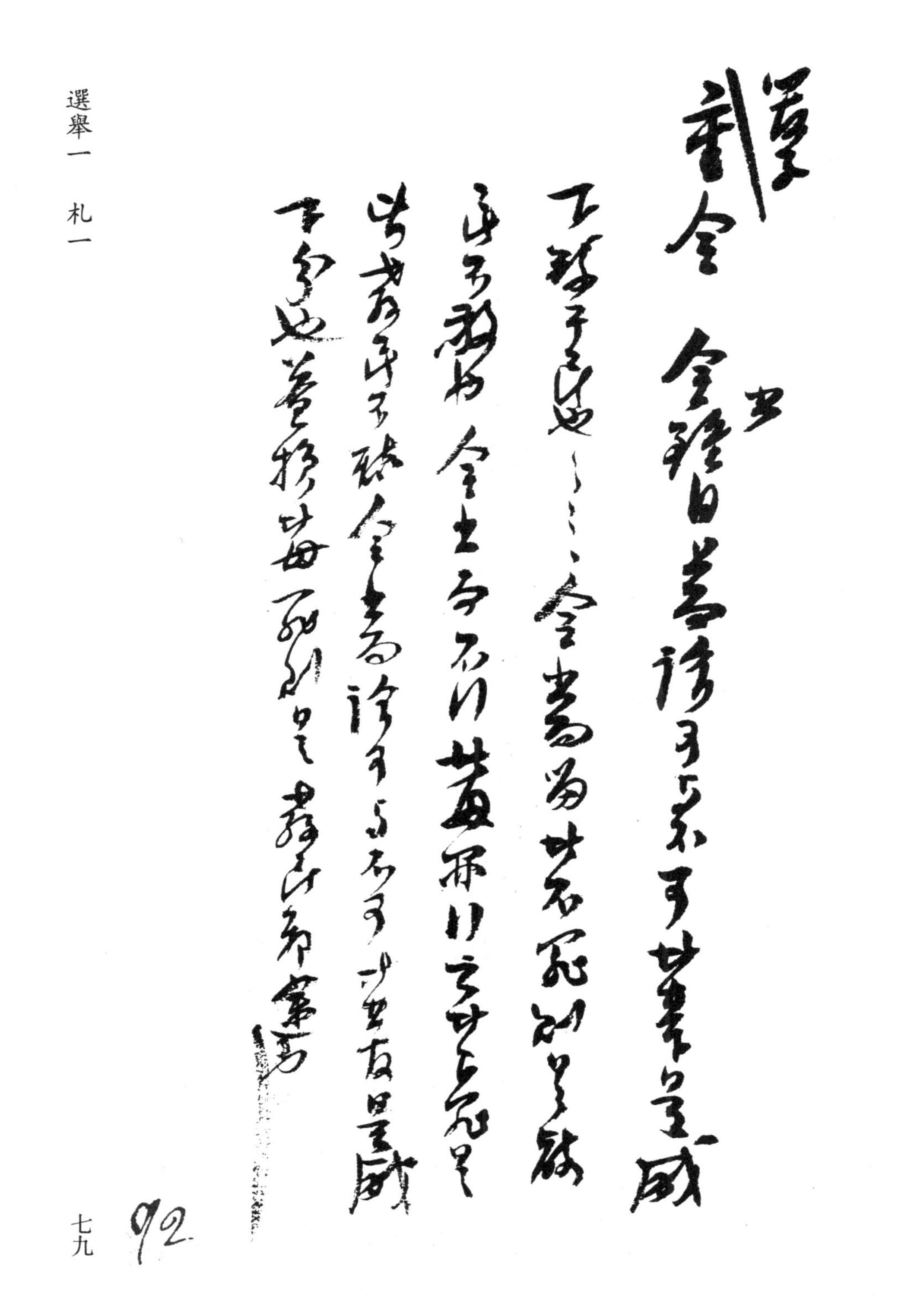

[illegible]

92

王

管子八觀 論貨之所從出者多術

93

選舉

萬不可選舉

王制萬9國10會議

六國萬國有利而利之事

選舉

游説 上七

用人引致之風 六

賣友

韓母公孫薦 丙九

韓非言選舉

三徵薦 丙十五

徐邪薦 丙十九

96

選舉

令從近處之請，以別家之資可實、、、則高亦

畢矣。

錢中丞壽詞

勉崇高吳公言壽筵可用以陳筆

不識其既寄到否　弢庵草

選舉

一、有司所選舉之弊

秋試條件 第四十四

內科舉 第四十一

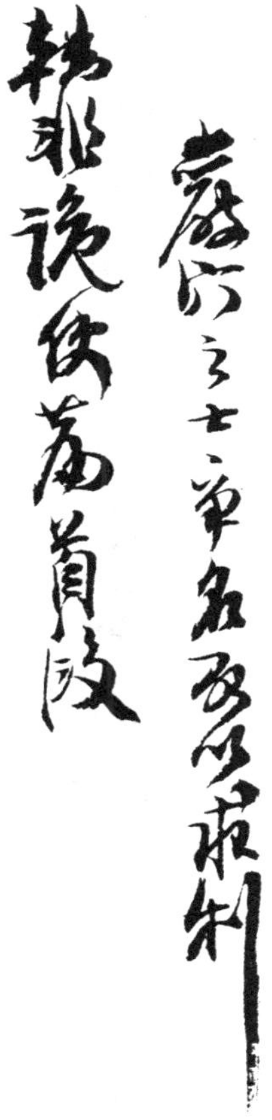
韓非說難篇首段

選舉

郡縣吏爲
將吏舉人
内外舉不避子仇

郡中鄉佐在下中等年合　卒爲將相　解

三公
程不以昇用者

右上太公論選舉

100

選舉

古人有任賢能選賢能訪其出訪其賢有以
舉之
出鄉邦所能說各人一選の

六年

華英選

高貴鄉公髦

正元元年十月至 天子諱髦字彥士[illegible]

選舉

國策（三）2下（五）6下8上（十二）1上

譚（十）8上（十二）3下（十三）1上（十五）1下

（十五）2上（十七）2下（廿）2上

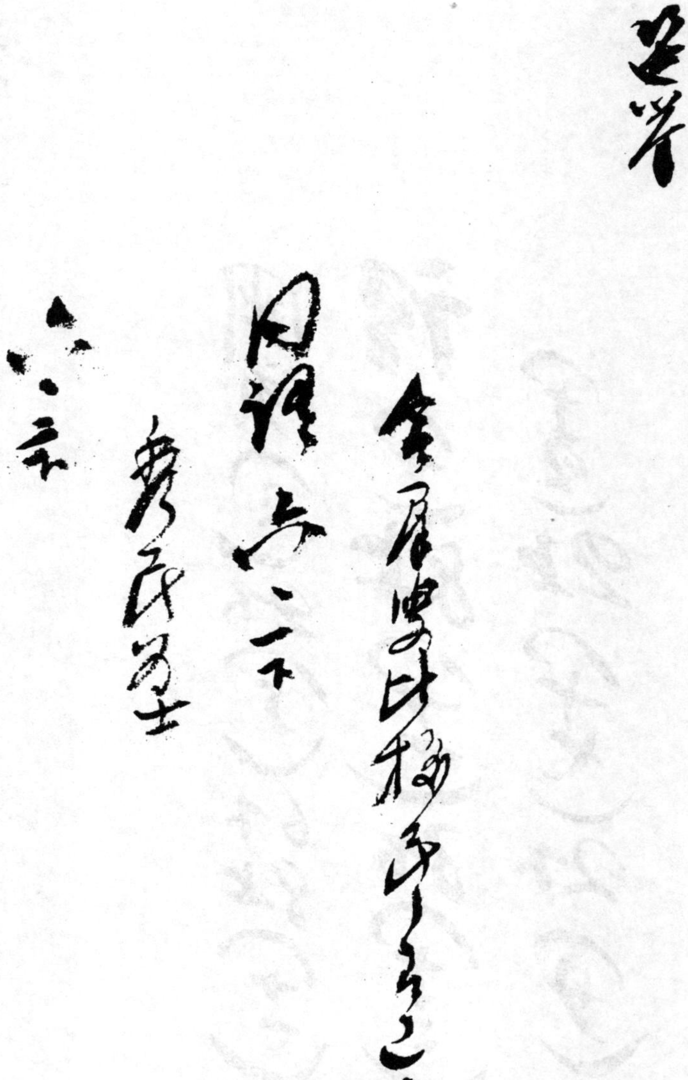

選舉

進士拔貢

同謹公呈

經學

周禮六 三十

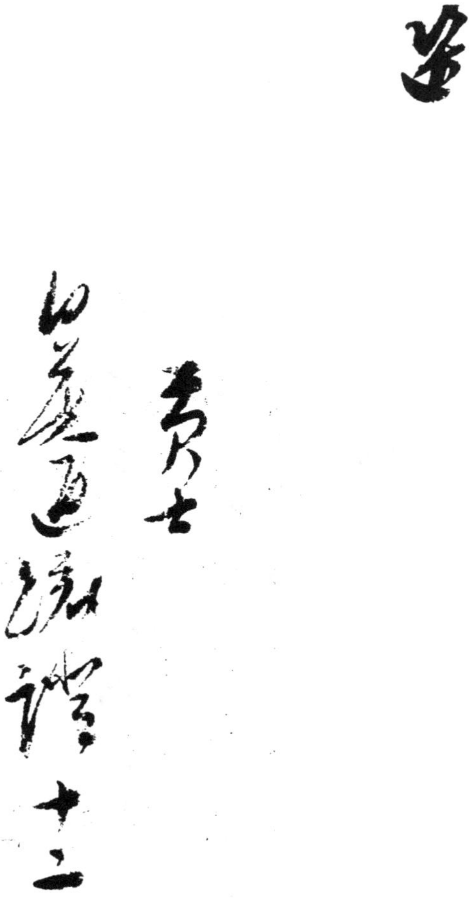

送筆

節 [illegible]集

中國古代史錄 [illegible]為史錄 今古

上[illegible]題

又擬輯史

共子[illegible]

選舉

四十曰彊而仕五十曰艾服官政

[illegible]壽毋位至中科方爲老者可改

選舉

[redacted]選舉之法

要當於參任至在職以前為限不給祿其蓋久掌權則易恣財權集於一人尤為不可審此則政權復矣

選舉

左文十六　宋公子鮑……國……材人無不事也

宦三年矣未知母之存否　宣二

錮欒氏　襄廿一廿三　楚子反錮巫臣

因絳為人廢輿尉　左襄卅

辨於其大夫之族姓班位貴賤能否　左襄卅一

五大不在邊五細不在庭親不在外羈不在內　左昭十一

鬷蔑惡一言舉　昭廿八

送本

大戴（二）47（四）56（五）107（十）119（十二）74

前件已承擲交代為商
去後發局用印冊畢
請即發下弟至明晨面商
開單廿七日與傳字新同呈上

呈仁兄
詩禮堂
葉修
任慶
拜具

選舉

法 役 （教育）

十有二教

陽礼—鄉射飲酒之礼—州長党正飲酒亦鄉—

陰礼—昏姻

儀

俗

恤

度

世事—古農工商—即古之王恆的士

因此五物者民之常而施十有二教焉一曰以祀禮教敬則民不苟二曰以陽禮教讓則民不爭三曰以陰禮教親則民不怨四曰以樂禮教和則民不乖五曰以儀辨等則民不越六曰以俗教

29

安則民不偷七曰以刑教中則民不虣八曰以誓教恤則民不怠九曰以度教節則民知足十曰以世事教能則民不失職十有一曰以賢制爵則民慎德十有二曰以庸制祿則民興功陽禮謂鄉射飲酒之禮也陰禮謂男女之禮昏姻以時則男不曠女不怨儀謂君南面臣北面父坐子伏之屬俗謂土地所生習也偷謂朝不謀夕恤謂災危相憂民有凶患憂之則民不解怠度謂宮室車服之制世事謂士農工商之事少而習焉其心安焉因教以能不易其業慎德謂矜其善德勸爲善也庸功也爵以顯賢祿以賞功故書儀或爲義杜子春讀爲儀謂九儀○爭爭鬭之爭偷音偷又音揄虣薄報反解佳賣反少詩照反

疏因此至興功○釋曰上經云五地之物生動植及民生處不同是其常法今此十二教亦因民之所常生之處施之故云因此五物者之常而施十二教也云一曰以祀禮教敬則民不苟者凡祭祀者所以追養繼孝事死如事生但人於死者不見其形多有致慢故禮云祭極敬也是以一曰以祀禮教敬死者尚敬則生事其親不苟且也○二曰以陽禮教讓則民不爭者謂鄉飲酒之禮酒入人身散隨支體與陽主分散相似故號鄉射飲酒爲陽禮也鄉飲酒卽黨正飲酒之類是也黨正飲酒之時五十者堂下六十者堂上皆以齒讓爲禮則無爭故云以陽禮教讓則民不爭也○三曰以陰禮教親則民不怨者以陰禮謂昏姻之禮不可顯露故曰陰禮也男女本是異姓覓而親迎親之也親之也者親之也使之親已是昏禮相親之義昏姻及時則男女無有怨曠故云以陰禮教親則民不怨也○四曰以樂禮教和則民不乖者自一曰至三曰已上皆有揖讓周旋升降之禮此樂亦云禮者謂饗燕作樂之時舞人周旋皆合禮節故樂亦云禮也凡人乖離皆由不相和合樂主和同民心故民不乖也○五曰以儀辨等則民不越者儀謂以卑事尊上下之儀有度以辨貴賤之等故云以儀辨等也民知上下之節不敢踰越故云則民不越也○六曰以俗教安則民不偷者俗謂人之生處習學不同若變其舊俗則民不安而爲苟且若依其舊俗化之則民安其業不爲苟且故云以俗教安則民不偷偷苟且也○七曰以刑教中則民不虣者刑者禁民虣亂今明刑得所民得中正不爲虣亂故云以刑教中則民不虣也○八曰以誓教恤則民不怠者民有厄喪教之使相憂恤則民不懈怠也○九曰以度教節則民知足者度謂衣服宮室之等尊卑不同以此法度教之使知節數民知禮節自知以少爲足故云則民知足也○十曰以世事教能則民不失職者父祖所爲之業子孫述而行之不失本職故云以世事教能則民不失職也○十有一曰以賢制爵則民慎德者人有賢行制與之爵民皆謹慎矜矜於善德以求榮寵故云以賢制爵則民慎德也○十有二曰以庸制祿則民興功者庸功也人有功則制祿與之民皆興其功業故云則民興功也此十二教以重急者爲先輕緩者爲後○注陽禮謂鄉射飲酒之禮也陰禮謂男女之至九儀○釋曰云陽禮謂鄉射飲酒之禮者以是陽禮而云教讓其鄉射是州長射禮鄉飲酒是黨正飲酒皆有正齒位飲酒爲敬讓之事故知陽禮是二事若然鄉中有鄉射鄉飲酒以其州長黨正皆屬於鄉大夫或鄉大夫所居州黨故雖州長射黨正飲酒亦號曰鄉也云陰禮謂男女之禮者以其言陰又云不怨故知是男女昏姻之禮也云昏姻以時則男不曠女不怨者此約雄雉詩序文軍旅數起大夫久役男女怨曠注云國人久處軍役之事故男女多怨曠也男曠而苦其事女怨而望其君子此經直云不怨據女而言文不具顯故鄭兼言曠也若然彼詩據舊成夫婦此文據配合得時時雖不同若失時怨曠不異故引爲證也云儀謂君南面臣北面父坐子伏之屬者案易乾鑿度云不易也者其位天在上地在下君南面臣北面父坐子伏此其不易也鄭依此言其不易也仍有天地不易不言故云之屬以兼之也云俗謂土地所生習也者謂若下曲禮云君子行禮不求變俗居喪之禮哭泣之位皆如其國之故而審行之是其故俗所習也云偷謂朝不謀夕者案春秋左氏襄公三十一年穆叔至自會見孟孝伯語之曰趙孟將死矣其語偷又孝伯曰人生幾何誰能

無偷朝不及夕將焉用樹穆叔出而告人曰孟孫將死矣吾語諸趙孟之偷也而又甚焉昭元年天王使劉定公勞趙孟於潁館於洛汭劉子曰美哉禹功明德遠矣微禹吾其爲魚乎吾與子弁冕端委以治民臨諸侯禹之力也子盍遠績禹功而大庇民乎對曰老夫罪戾是懼焉能恤遠吾儕偷食朝不謀夕何其長也劉子歸以語王曰諺所謂老將智而耄及之者以此而言之鄭似依昭元年傳也云恤謂災危相憂民有凶患憂之則不懈怠者災危凶憂謂若遭水旱之災歲凶年穀不登有無相濟是其相憂令不懈息也云度謂宮室車服之制者謂若典命云上公九命國家宮室車旗衣服禮儀及侯伯子男已下各依命數是其制度也云世事謂士農工商之事少而習焉其心安焉因教以能不易其業者案齊語

十三經注疏 周禮十 地官司徒 七

云桓公曰成民之事若何管子曰四民者勿使雜處雜處則亂昔聖王處士就閒燕處工就官府處商就市井處農就田野又云士之子恒爲士工之子恒爲工商之子恒爲商農之子恒爲農少而習焉其心安焉是世事也云慎德謂矜其善德勸爲善者民能矜矜然求其善德又相勸爲善也云庸功也者此經云以庸制祿司士云以功詔祿庸即功其理同也云故書儀或爲義杜子春讀爲儀者不從故書讀從大宗伯九儀一命至九命作伯也

（存經）

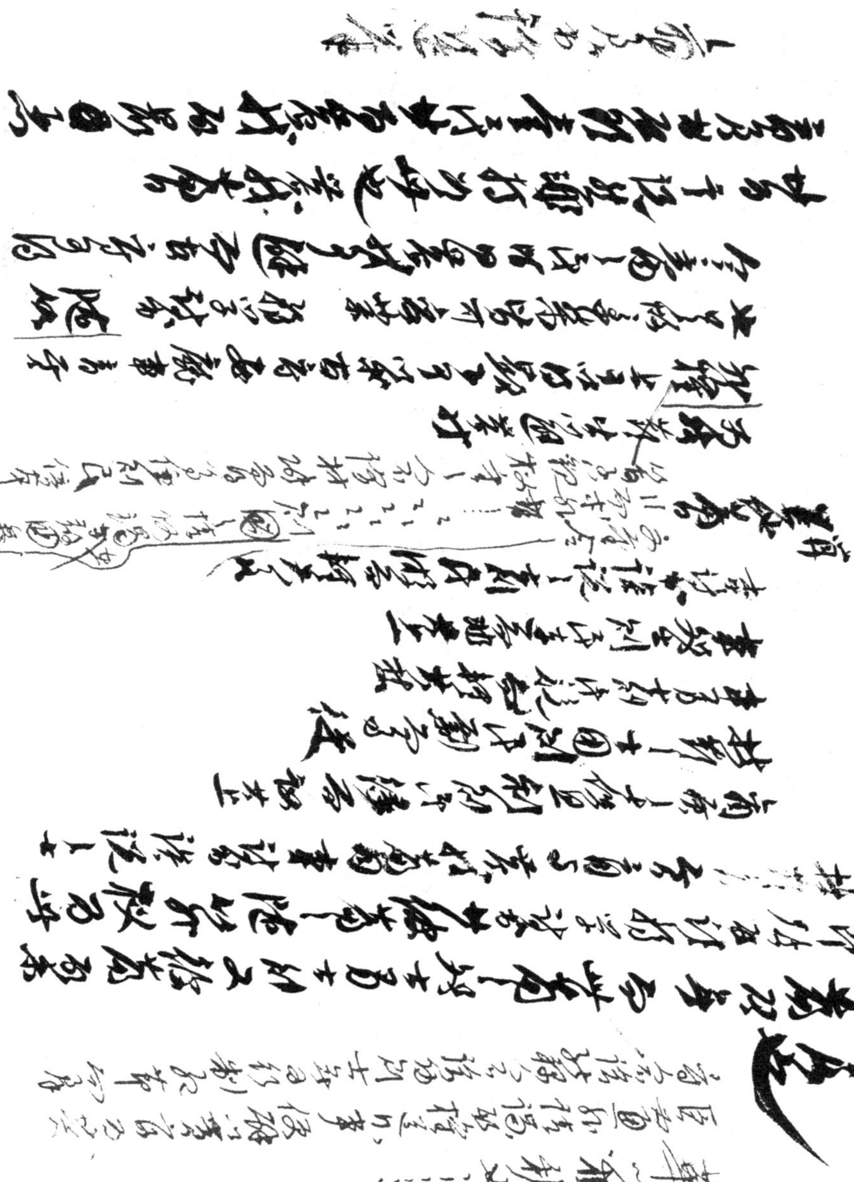

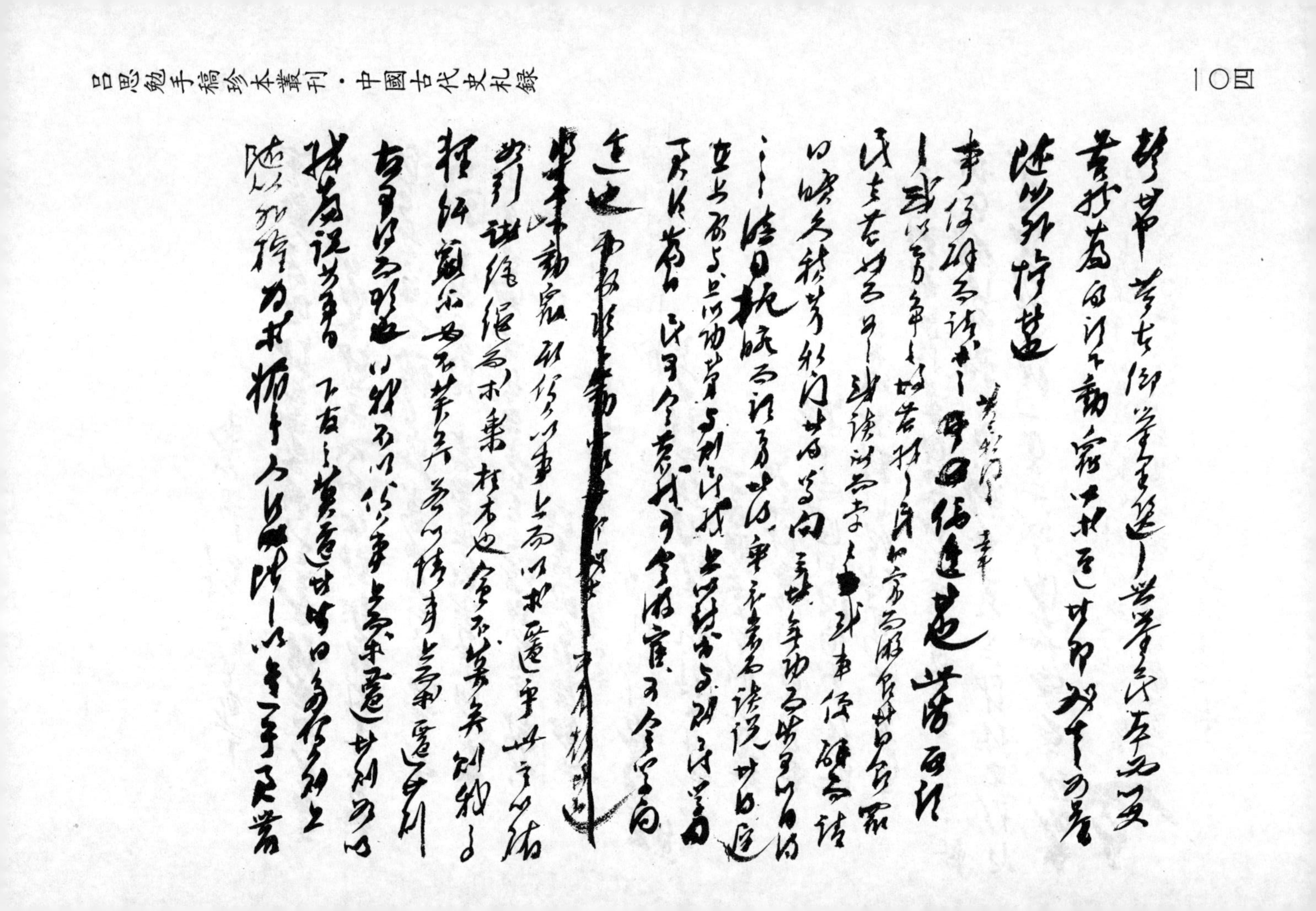

[illegible]

[illegible]

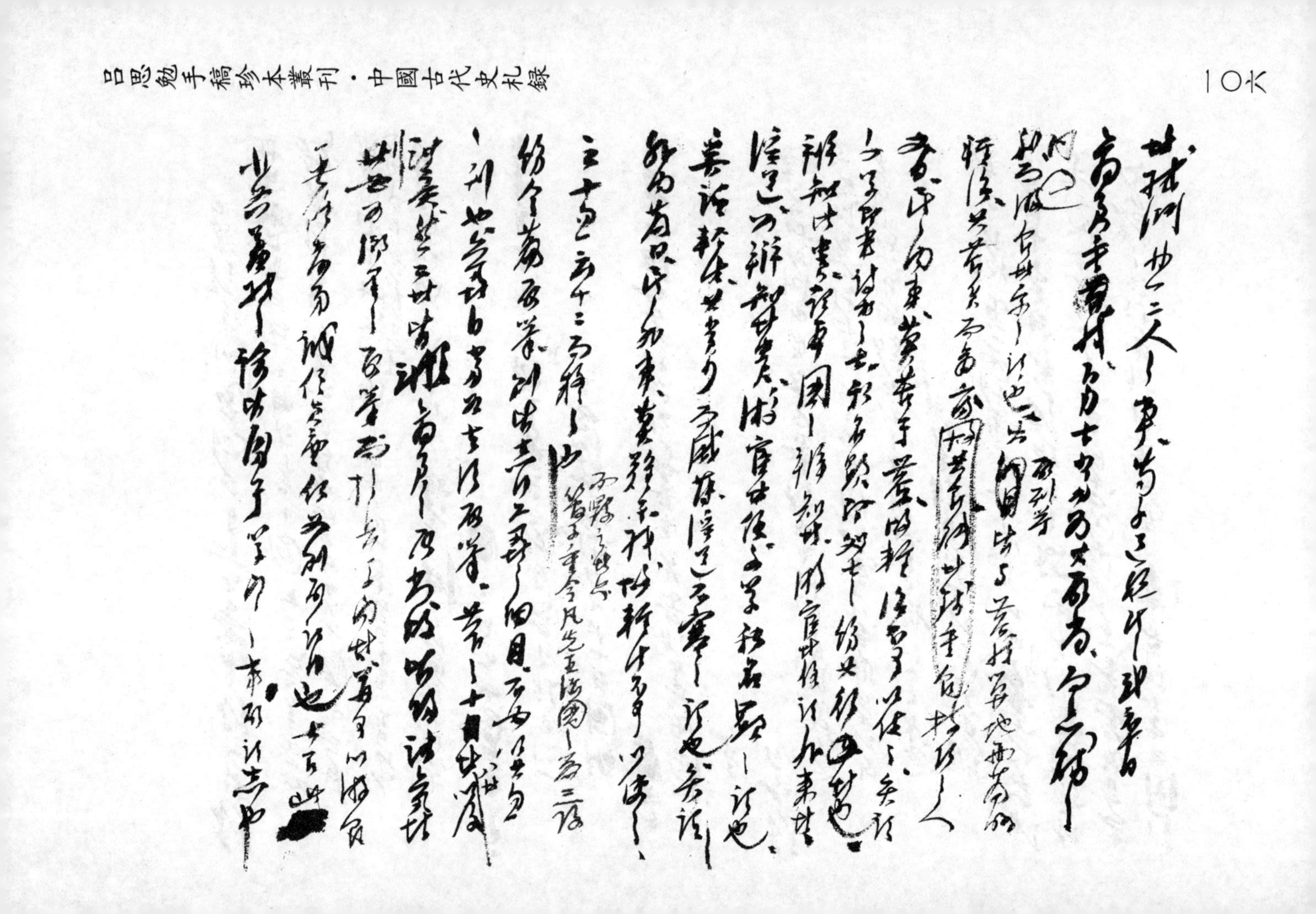

此稱何也？二人之事，[illegible]

[illegible]

[illegible]

[illegible]

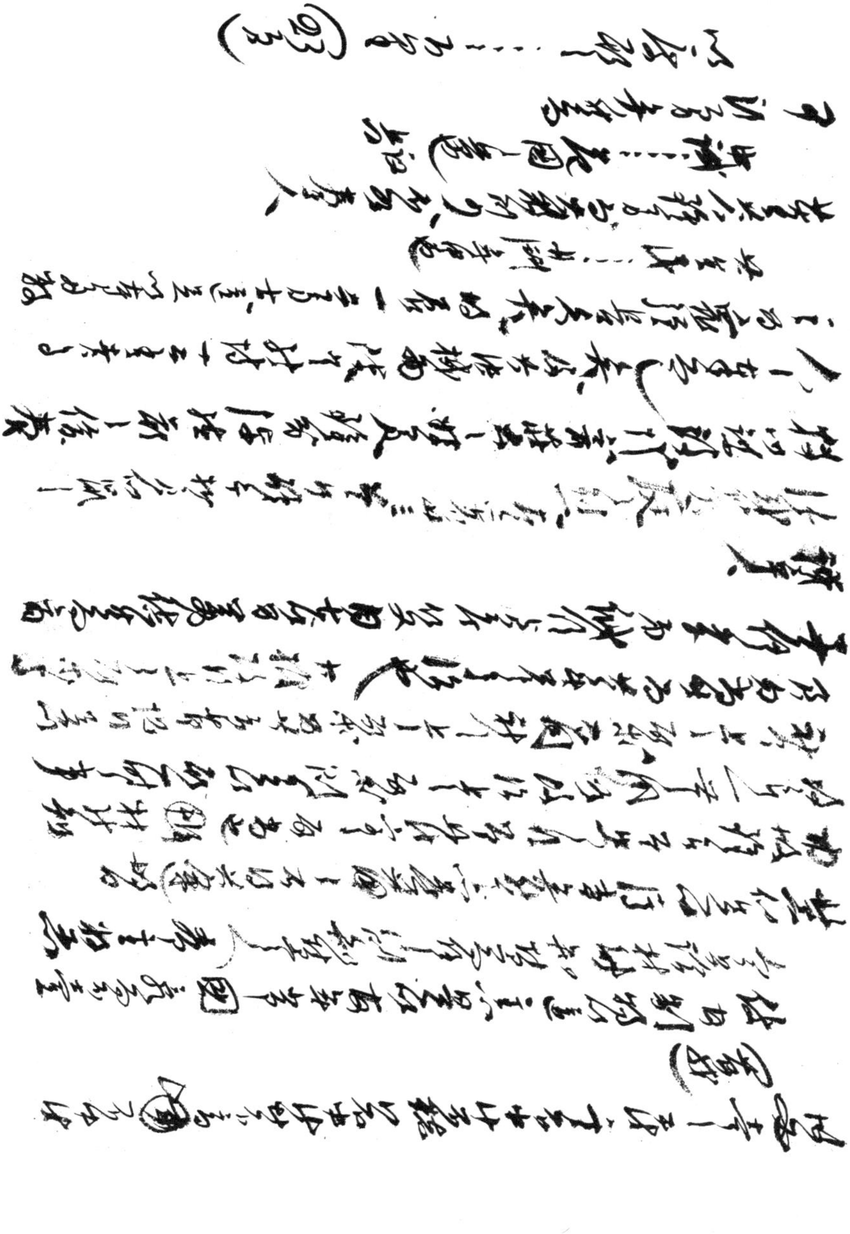

踐也，則皆含輕詆貶毀

（二）篇之觀，者亦一人（不論其行為之[illegible]

時矣也哉。

若去私行之道以為其賊，如我謝之謀名為不

利於其所以為義，讀也。而為人師，如無其人

者，鄉黨之道目其，於行制也，於家事人之上

其道[illegible]

徵選舉

注所以引而為解文孟子曰古之賢王好善而忘勢樂善而自卑若高宗得傳說而稟命古之賢士何獨不然樂其道而忘人之

勢何獨不然何獨不者所樂有所忘也樂道守志若許由洗耳可謂忘人之勢矣故王公不致敬盡禮則不得亟見之見且由不得亟而況得而臣之乎亟數也若伯夷非其君不事伊尹樂道堯舜不致敬盡禮可數見之乎作者七人隱各有方豈可得而臣之者乎疏孟子至之乎○正義曰此章言王公尊賢以貴下賤樂道忘勢不以富貴動其心者也孟子曰至而況得而臣之者乎孟子曰古之賢者之君好人之善而忘己之勢古之為賢士者亦然以其能樂己之樂而忘人之貴勢也如此故有王公大人不致其敬而盡其禮則不得數數見其賢者然而見之且猶尚以為不可而況得臣之而卑下者乎○注高宗得傳說而稟命○正義曰案尚書說命篇云高宗夢得說使百工營求諸野得諸傅岩爰立作相王置諸其左右曰臣下罔有稟命孔安國傳云名說稟受也令命也○注經許由洗耳可謂忘人之勢正義曰案高士傳云許由[illegible]人也隱箕山堯聞之躬聘為九州長由不赴遂洗耳於河巢父見之曰吾欲飲牛汚吾牛口於是牽牛上流飲之由大慙而隱是也○注亟數也至作者七人○正義曰云伯夷伊尹者此蓋本孟子之正文也已說之詳矣云作者

居心

城門之名守者監門之官也是言能以大人之所居者處已而與大人相似者也

孟子曰食而弗愛豕交之也愛而不敬獸畜之也恭敬者幣之未將者也恭敬而無實君子不可虛拘人之交接但食之而不愛若養豕也愛而不敬若人畜禽獸但爱而不能敬也且恭敬者如有幣帛當以行禮而未以命將行之也恭敬貴實如其無實何可虛拘致君子之心也

疏 正義曰此章言取人之道必以恭敬恭敬貴實虛則不應實者謂敬愛者也孟子言人之交接但飲食爲備而歡意弗加者非以愛相接者也是爲豕交之也犬馬者人所愛而畜養者也如愛誠雖至而敬心弗加者是謂愛而弗敬以爲獸畜之也然而恭敬者是幣帛之禮未行之也蓋以恭敬爲先而幣帛從之也如恭敬而無幣帛之實以將之是又君子不可以虛拘矣以其禮不可以徒虛而行何必以恭敬修於內而爲

尽心

選舉

拜至此之謂也。正義曰禹聞善言則拜尚書讜言說於前矣詩曰雨雪瀌瀌見晛曰消者此蓋角弓之詩文也注云晛日也瀌瀌雨雪之盛貌陳子曰古之君子何如則仕陳臻問古之君子謂何禮可以仕也孟子曰所就三所去三迎之致敬以有禮言將行其言也則就之禮貌未衰言弗行也則去之其次雖未行其言也迎之致敬以有禮則就之禮貌衰則去之其下朝不食夕不食飢餓不能出門戶君聞之曰吾大者不能行其道又不能從其言也使飢餓於我土地吾恥之周之亦可受也免死而已矣所去就謂下事也禮者接之以禮也貌者顏色和順有樂賢之容禮衰不敬也貌衰不悅也其下者困而不能與之祿則當去矜其困而問之苟免死而已此三就三去之道窮餓而去不疑也故不言去免死而留爲死故也權時之宜嫌其疑也故載之也**疏**陳子至已矣。正義曰此章言士雖正道亦有量宜聽言爲上禮貌次之困而免死斯爲下矣潞此三利無疑者也陳子曰古之君子何如則仕陳臻問孟子

告子

選舉

如賢者有伊尹愛君之志則可以放君如無伊尹秉忠心以愛君則放君而生篡奪君位之心者也以爲不可矣 公孫丑曰詩曰不素餐兮君子之不耕而食何也

十三經注疏 孟子十三下 盡心上 七

詩魏國伐檀之篇也無功而食則謂之素餐世之君子有不耕而食何也 孟子曰君子居是國也其君用之則安富尊榮其子弟從之則孝悌忠信不素餐兮孰大於是 君子能使人化其道德移其習俗身安國富而保其尊榮子弟孝悌而樂忠信不素餐之功誰大於是何爲不可以食祿 疏 公孫丑至於是。正義曰此章言君子正己以立於世世美其道君臣是貴所過者化又何素餐之謂也。公孫丑問孟子曰魏國伐檀之詩有云不素餐兮言無功而食謂之素餐然而君子有不自耕而食祿者是如之何孟子對之曰君子居處此國其君任用之則安富尊榮言安國保其尊榮子弟從之則能孝悌忠信是則不素餐兮誰有大於此者言何爲而不可食祿。注魏國伐檀之篇。正義曰此詩蓋刺在位貪鄙無功而受祿君子不得進仕爾 王子墊問曰士何事 齊王子名墊也問士當何事爲事者耶 孟子曰尚志 尚貴也士當貴上於用志也 曰何謂尚志曰仁義而已矣殺一無罪非仁也非其有而取之非義也居惡在仁是也路惡在義是也居仁由義大人之事備矣 孟子言志之所尚仁義而已矣不殺無罪不取非有者爲仁義欲知其所當居者仁爲士所由者義爲貴大人之事備矣 疏 王子至備矣。正義曰此章言人當尚志於善也善之所由仁與義也欲使王子無過差者也王子墊問曰士何事者王子墊齊王之子名墊也問孟子曰爲

徵

選舉表札

魯平

梁惠王

公將出嬖人臧倉者請曰他日君出則必命有司所之今乘輿已駕矣有司未知所之敢請平諡也嬖人愛幸小人也公曰將見孟子平公敬孟子有德不敢請召將往就見之曰何哉君所爲輕身以先於匹夫者以爲賢乎禮義由賢者出而孟子之後喪踰前喪君無見焉匹夫一夫也臧倉言君何爲輕千乘而先匹夫乎以爲孟子賢故也賢者當行禮義而孟子前喪父約後喪母奢君無見也公曰諾諾止不出樂正子入見曰君奚爲不見孟軻也樂正姓也子通稱孟子弟子也爲魯臣問公何爲不便見孟軻也曰或告寡人曰孟子之後喪踰前喪是以不往見也公言以此故也曰何哉君所謂踰者前以士後以大夫前以三鼎而後以五鼎與樂正子曰君所謂踰者前以士後以大夫禮士祭三鼎大夫祭五鼎故也曰否謂棺槨衣衾之美也公曰不謂鼎數也以其棺槨衣衾之美惡也曰非所謂踰也貧富不同也樂正子曰此非薄父厚母令母喪踰父也喪父時爲士喪母時爲大夫大夫祿重於士故使然貧富不同也

238

舉善

舉善不以父子之而相廢

初臼季使過冀見冀缺耨其妻饁之臼季胥臣也冀晉邑耨鉏也野饋曰饁○臼其九反使所吏反過古木反又古臥反耨乃豆反鉏田也饁于輒反字林于劫反鉏本又作鉏仕居反饋其位反餉也疏注臼季至曰饁○正義曰世本云垂作耨釋器云斪斸謂之定李巡曰鉏也廣雅云定謂之耨呂氏春秋云耨柄尺此其度也其耨六寸所以間稼也高誘注云耨耘苗也六寸所以入苗間也釋名云耨鋤嫗薅禾也釋詁云饁饋也孫炎曰饁野之饋也敬相待如賓與之歸言諸文公曰敬德之聚也能敬必有德德以治民君請用之臣聞之出門如賓如見大賓承事如祭常謹敬也仁之則也公曰其父有罪可乎缺父冀芮欲殺文公在二十四年○芮如鋭反殺音試或如字對曰舜之罪也殛鯀其舉也興禹禹鯀子○殛紀力反誅也鯀古本反禹父也管敬仲桓之賊也實相以濟康誥曰父不慈子不祗兄不友弟不共不相及也康誥周書祗敬○實相息亮反不共音恭疏康誥至及也○正義曰此雖言康誥曰直引康誥之意耳非康誥之全文也彼云子弗祗服厥父事大傷厥考心于父不能字厥子乃疾厥子于弟弗念天顯乃弗克恭厥兄兄亦不念鞠子哀大不友于弟曰乃其速由文王作罰刑茲無赦其意言不慈不祗不友不恭咎用文王之法刑之不是罪子又罪父刑弟復刑兄是其不相及也詩曰采葑采菲無以下體君取節焉可也詩國風也葑菲之菜上善下惡食之者不以其惡而棄其善言可取其善節○葑芳逢反菲芳匪反疏注詩國至善節○正義曰彼毛傳曰葑須也菲芴也釋草云須葑蓯孫炎曰須一名葑鄭玄坊記注云葑蔓菁也釋草又云菲芴也孫炎曰葍類也陸機毛詩義疏云葑蔓菁幽州人或謂之芥也菲似葍莖麤葉厚而長有毛三月中烝鬻為茹滑美又可以為羹是也此二菜其根有惡時故云上善下惡食之者取其善節也文公以為下軍大夫反自箕襄公以三命命先且居將中軍且居先軫之子其父死敵故進之○且子徐反將子匠反疏注且居至進之○正義曰且居父在之時已將上軍以父死敵故進之以再命命先茅之縣賞胥臣曰舉郤缺子之功也先茅絕後故取其縣以賞胥臣以一命命郤缺為卿復與之冀還其父故邑○復扶又反又音服亦未有軍行雖登卿位未有軍列○行戶剛反

選舉

○秋，晉韓宣子卒，魏獻子爲政。（獻子，魏舒。○豺本又作豺，同，仕皆反。喪，息浪反。）分祁氏之田以爲七縣，（七縣，鄔、祁、平陵、梗陽、塗水、馬首、盂也。○梗，古杏反。盂音于，下文同。）分羊舌氏之田以爲三縣。（銅鞮、平陽、楊氏。○鞮，丁兮反。）司馬彌牟爲鄔大夫，（太原鄔縣。）賈辛爲祁大夫，（太原祁縣。）司馬烏爲平陵大夫，魏戊爲梗陽大夫，（戊，魏舒庶子。梗陽在太原晉陽縣南。○戊音茂。）知徐吾爲塗水大夫，（徐吾，知盈孫。塗水，太原榆次縣。○知音智。次，資利反，又如字。）韓固爲馬首大夫，（固，韓起孫。）孟丙爲盂大夫，（太原盂縣。）樂霄爲銅鞮大夫，（上黨銅鞮縣。○霄音消。）趙朝爲平陽大夫，（朝，趙勝曾孫。平陽，平陽縣。○朝如字。）僚安爲楊氏大夫。（平陽楊氏縣。○僚，力彫反。）

疏「分祁」至「氏大夫」。○正義曰：此祁氏與羊舌氏之田，舊是私家采邑，二族既滅，其田歸公，分爲十縣，爲公邑，故選置大夫也。傳文先祁後羊舌，故依下文選置大夫之次，上七縣爲祁氏之田，下三縣爲羊舌氏之田。且五年傳謂伯石爲楊石，明楊氏是羊舌之田也。家語與史記皆謂羊舌赤爲銅鞮伯華，是銅鞮亦羊舌邑也。平陽之次在銅鞮、楊氏之間，知亦羊舌邑也。

謂賈辛、司馬烏爲有力於王室，（二十二年，辛、烏帥師納敬王。）

疏注「二十」至「敬王」。○正義曰：二十二年傳曰：晉籍談、荀躒、賈辛、司馬督帥師軍于陰，于侯氏，于谿泉，次于社。賈辛軍谿泉，司馬督次于社。督即烏也。此衆軍並爲伐子朝，欲納敬王。

故舉之。謂知徐吾、趙朝、韓固、魏戊，餘子之不失職、能守業者也。（卿之庶子爲餘子。）

疏注「卿之」至「餘子」。○正義曰：宣二年傳云：宦卿之適以爲公族，又宦其餘子亦爲餘子，其庶子爲公行。注云：餘子，適子之母弟也；庶子，妾子也。彼適庶分爲三等，故餘子與庶子爲異。此無所對，故總謂庶子爲餘子也。此四人之内，當有妻生妾生者也。知徐吴、韓固是卿之孫也，趙朝，卿之曾孫也，而並稱餘子者，言其父祖是餘子，就餘子子孫之内選其賢者而用之。此四人不失常職，能守其父祖之業者也。

其四人者，皆受縣而後見於魏子，以賢舉也。（四人，司馬彌牟、孟丙、樂霄

昭廿八

係安也受縣而後見言采衆而舉不以私也○見賢遍反注及下見魏子並同魏子謂成鱄鱄晉大夫○鱄音專又市轉反又音附吾與戊也縣人其以我爲黨乎

對曰何也戊之爲人也遠不忘君遠疏遠也近不偪同不偪同位○偪彼力反居利思義不苟得在約思純無濫心

有守心而無淫行雖與之縣不亦可乎疏對曰至可乎○正義曰遠不忘君言職雖疏遠而心在公室常忠敬也近不偪同言親近有寵不偪迫同位常謙共也居利思義臨財不苟得思義可取乃取之也在約思純處貧匱而思純固無叨濫之心也有守善之心而無淫邪之行雖則親子而與之縣不亦可乎

昔武王克商光有天下光大也○行下孟反其兄弟之國者十有五人姬姓之國者四十人皆舉親也夫舉無他唯善所在親疏一也疏昔武至親也○正義曰由武王克商得封建諸國歸功於武王耳此十五國或有在後封者非武王之時盡得封也尚書康誥之篇周公營洛之年始封康叔于衛洛誥之篇周公致政之年始封伯禽于魯明知武王之時兄弟未盡封也僖二十四年傳稱周公弔二叔之不咸故封建親戚以藩屏周亦以周公爲制禮之主故歸功於周公耳非盡周公封也九年傳曰文武成康之封建母弟則康王之世尚有封國宣王方始封鄭非獨武王周公封諸國也僖二十四年傳數文之昭也有十六國此言武王兄弟之國十五人者人異故說異耳非武王封十五周公始加一也以魯衛騐之知周公所加非維一耳

詩曰唯此文王帝度其心莫其德音其德克明克明克類克長克君王此大國克順克比比于文王其德靡悔既受帝祉施于孫子詩大雅美文王能王大國受天福施及子孫○唯此文王詩作唯此王季度待洛反下及注同莫亡白反又如字爾雅云貊莫安定也下及注同長丁丈反下及注同王此于況反注能王同祉音恥施以豉反注同○疏詩曰至孫子○正義曰詩大雅皇矣之篇美文王之德也唯此文王之身爲天帝所佑天帝開度其心令其有揆度之惠所度前事莫不皆得其中也又使之莫然安靜其德教之善音施之於人則皆應和之也又能有監照在下之明又能有勤施無私之善又能教誨不倦有爲人師長之德又能賞善刑惡有爲人君上之度既有人君之德故爲人君王此周之大邦也其施教令能使國人徧服而順之既爲國人順服又能擇人之善者比方其善乃從而用之以此文王之德比于上世有能經緯天地文德之王如堯舜之輩其此詩人稱比較于文王之九德其德皆是無爲人所悔吝者言文王之德堪比或以爲比于前世文德之王義亦通也以此之故既受天之祉福施及于後世之子孫得使長王天下也此章文次如此者德皆天之所授故先言帝度其心明以下皆蒙帝文也德由心起故先言心能度物也心既能度然後能施爲政教故次莫其德音言變政教清靜也爲君所以施政故先言政教清靜乃論身內之德故次能明能善其明與善遍是德音之事施之於人有照臨之明勤心之善耳心能施而無私乃可爲人君長故次克長克君長即師也學記曰能爲師然後能爲長能爲長然後能爲君故先長後君也既言堪爲人君即說爲君之事故言王此大邦也既爲大邦之君能使國人順服故次克順也民既順服又須擇善用之故次克比比也比于文王其德無所可恨故言受天之福澤流後世以結之此傳言唯此文王毛詩作維此王季經涉亂離師有異讀後人因而兩存不敢追改今王肅注毛詩及韓詩亦作唯此文王鄭注毛詩作維此王季故解比于文王言王季之德可以比于文王也劉炫云此作唯此文王不可以文王之德還自比文玉故知比于文王可以比于上代文德之王也

心能制義曰度帝度其心疏心能制義曰度正義曰心能制斷時事使合於義是爲善揆度也言預度未來之事皆得中也德正應和曰莫莫然清靜○應應對之應下如字又胡臥反疏德正應和曰莫○正義曰毛詩莫作貊樂記引此詩亦作莫釋

詁云貊嘆安定也郭璞云皆靜定毛傳云貊靜也其德既正爲政清靜故有所施爲民皆應和易繫辭曰君子居其室出其言善則千里之外應之卽此義也莫是清靜之意故杜云莫然清靜照臨四方曰明勤施無私曰類施而無私物得其所無失類也○施式豉反注及下同疏注施而無私至類也○正義曰勤行施惠情無偏私物皆得所是無失類也鄭玄云類善也無失類者不失善之類也教誨不倦曰長教誨長人之道賞慶刑威曰君作威作福君之職也疏賞慶刑威曰君○正義曰人君執賞罰之柄以賞慶人以刑威物是爲君之道慈和偏服曰順唯順故天下徧服○徧音遍注同疏慈和偏服曰順○正義曰人君執慈心以惠下用和善以接物則天下偏服而順從之故爲順也易繫辭云天之所助者順故杜云唯順故天下偏服擇善而從之曰比比方善事使相從也經緯天地曰文經緯相錯故織成文疏經緯天地曰文○正義曰易稱聖人先天而天弗違後天而奉天時言德能順天隨天所爲如經緯相錯織成文章故爲文也九德不愆作事無悔九德上九曰也皆無愆過則動無悔吝○吝力刃反故襲天祿子孫賴之襲受也主之舉也近文德矣所及其遠哉舉魏戊等勤施無私也其四人者擇善而從故曰近文德所及遠也○近附近之近疏注近文德所及遠○正義曰成鱄引此詩者唯欲取克類克比二事同於文王故云近文德矣文王以有此德故得施于子孫魏子既近文德亦將所及遠也賈辛將適其縣見於魏子魏子曰辛來昔叔向適鄭鬷蔑惡惡貌醜○鬷音子工反欲觀叔向從使之收器者從隨也隨使人應斂俎豆者疏從使之收器者○正義曰下云叔向將飲酒將欲舉爵而飲比則飲猶未畢使者擬收器耳未卽收也而往立於堂下一言而善叔向將飲酒聞之曰必鬷明也素聞其賢故聞其言而知之疏一言而善○正義曰舊說云一言者謂設由上徹由下下執其手以上曰昔賈大夫惡賈國之大夫惡亦醜也○上時掌反下幷注同娶妻而美三年不言不笑御以如皋爲妻御之皋澤○娶七住反爲于僞反疏御以如皋○正義曰詩云鶴鳴于九皋是皋爲澤也如往也爲妻御車以往澤也射雉獲之其妻始笑而言賈大夫曰才之不可以已我不能射女遂不言不笑夫今子少不颺顏貌不揚顯○射雉食亦反女音汝下同夫音扶颺音揚子若無言吾幾失子矣言不可以已也如是遂如故知今女有力於王室吾是以舉女因賈辛有功而後舉之言人不可無能○幾音祈疏遂如故知○正義曰遂如故舊相知行乎敬之哉毋墮乃力墮損也○毋音無墮許規切仲尼聞魏子之舉也以爲義曰近不失親謂舉魏戊遠不失舉以賢舉可謂義矣又聞其命賈辛也以爲忠先賞王室之功故爲忠詩曰永言配命自求多福忠也詩大雅永長也言能長配天命致多福者唯忠疏詩曰至忠也○正義曰詩大雅文王之篇也言王者長自言我之所爲配上天之命而行之是自家衆多之福使歸已此詩之意之忠則然也言魏子能忠必有多福歸之魏子之舉也義其命也忠其長有後於晉國乎

選舉

貴免苟操舟

左宣十五

禹稱善人不善人遠

左宣十六

選舉（訓詁）

正義曰讎者相負挾怨之名奚負狐狐負奚皆謂之讎此是奚負狐也不是舉之以解怨故下云稱其讎不爲諂也

祁奚請老故致仕晉侯問嗣焉嗣續其職者稱解狐其讎也將立之而卒解狐卒。解音蟹又問焉對曰午也可午祁奚子於是羊舌職死矣晉侯曰孰可以代之對曰赤也可赤職之子伯華於是使祁午爲中軍尉羊舌赤佐之各代其父君子謂祁奚於是能舉善矣稱其讎不爲諂立其子不爲比舉其偏不爲黨諂媚也偏屬也。諂他檢反比毗志反

疏 稱其至爲黨。正義曰設令他人稱其讎則諂以求媚也立其子則心在親比也舉其偏則情相阿黨也今祁奚以其人實善故舉薦之人見彼善知奚不諂不比不黨也諂者阿順曲從以求彼意故以諂爲媚媚愛也言爲諂以求愛也偏者半廂之名故傳多云東偏西偏軍師屬己分之別行謂之偏師傳云彘子以偏師陷是偏爲廂屬之名也祁奚爲中軍尉羊舌職佐之職屬祁奚復舉其子是舉其偏屬也

商書曰無偏無黨王道蕩蕩商書洪範也蕩蕩平正無私其祁奚之謂矣解狐得舉未得位故曰得舉祁午得位伯華得官建一官而三物成一官軍尉物事也

疏 建一官而三物成。正義曰尉佐同掌一事故爲建一官也三事成者成其得舉得位得官也官位一也變文相辟耳服虔云所舉三賢各能成其職事案解狐得舉而死身未居職何成事之有

能舉善也夫唯善故能舉其類詩云惟其有之是以似之祁奚有焉詩小雅言唯有德之人能舉似己者也夫音扶絶句一讀以夫爲下句首

疏 詩云至似之。正義曰此小雅裳裳者華之篇也其卒章云右之右之君子有之維其有之是以似之

○六月公

司馬販申公壽餘葉公諸梁致蔡於負函致方城之外於繒關曰吳將泝江入郢將奔命焉爲一昔之期襲梁及霍單浮餘圍蠻氏蠻氏潰蠻子赤奔晉陰地司馬起豐析與狄戎以臨上雒左師軍于菟和右師軍于倉野使謂陰地之命大夫士蔑曰晉楚有盟好惡同之若將不廢寡君之願也不然將通於少習以聽命士蔑請諸趙孟趙孟曰晉國未寧安能惡於楚必速與之士蔑乃致九州之戎將裂田以與蠻子而城之且將爲之卜蠻子聽卜遂執之與其五大夫以畀楚師于三戶司馬致邑立宗焉以誘其遺民而盡俘以歸○秋七月齊陳乞弦施衛甯跪救范氏庚午圍五鹿九月趙鞅圍邯鄲冬十一月邯鄲降荀寅奔鮮虞趙稷奔臨十二月弦施逆之遂墮臨國夏伐晉取邢任欒鄗逆畤陰人于壺口會鮮虞納荀寅于柏人

經五年春城毗○夏齊侯伐宋○晉趙鞅帥師伐衛○秋九月癸酉齊侯杵臼卒○冬叔還如齊○閏月葬齊景公

傳五年春晉圍柏人荀寅士吉射奔齊初范氏之臣王生惡張柳朔言諸昭子使爲柏人昭子曰夫非而讎乎對曰私讎不及公好不廢過惡不去善義之經也臣敢違

公與公冶冕服（以卿服玄冕賞之）疏注以卿至賞之。正義曰公冶先爲大夫公今以恩加賜知以卿服玄冕賞之也周禮司服云卿大夫之服自玄冕而下是卿與大夫同服玄冕也其旒當以命數爲異耳固辭強之而後受公欲無入榮成伯賦式微乃歸（式微詩邶風曰式微式微胡不歸式用也義取寄寓之微陋勸公歸也）五月公至自楚公冶致其邑於季氏（本從季氏得邑故還之）而終不入焉（不入季孫家）曰欺其君何必使余季孫見之則言季氏如他日不見則終不言季氏及疾聚其臣（大夫家臣）曰我死必無以冕服斂非德賞也（言公畏季氏而賞其使非以我有德。斂力驗反）且無使季氏葬我（

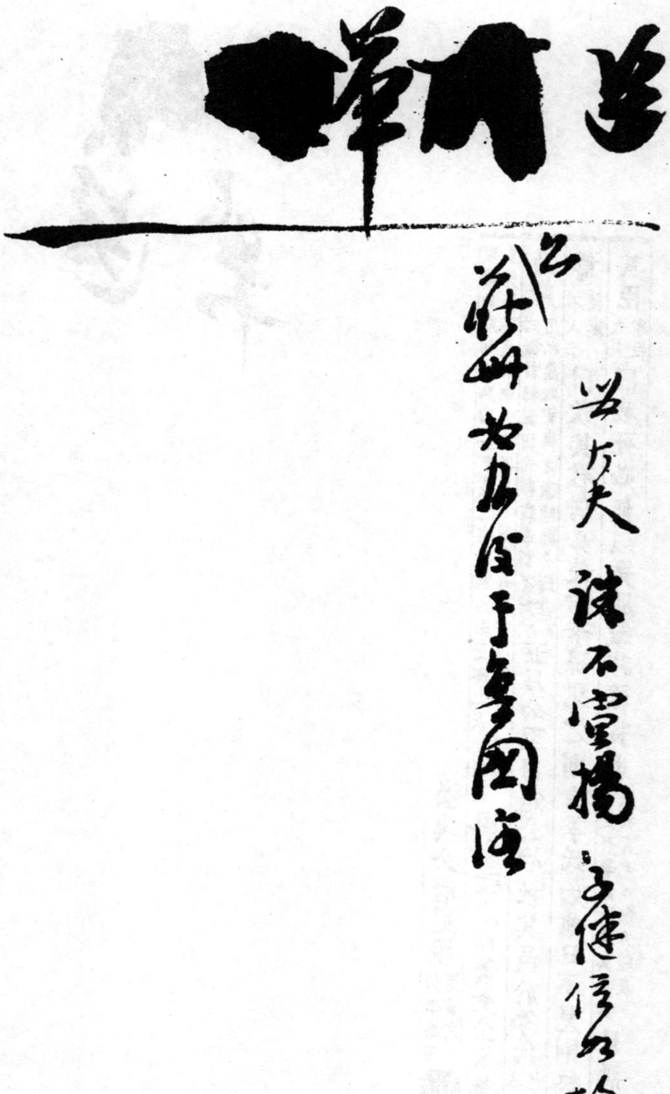

選舉

世爲行人

〇鄭伯有使公孫黑如楚黑子晳。晳星厯反辭曰楚鄭方惡而使余往是殺余也伯有曰世行也言女世爲行人。女音汝子晳曰可則往難則已何世之有伯有將強使之

襄廿九

選舉

子路使子羔爲費宰子

先進

曰賊夫人之子包曰子羔學未熟習而使爲政所以爲賊害子路曰有民人焉有社稷焉何必讀書然後爲學孔曰言治民事神於是而習之亦學子曰是故惡夫佞者孔曰疾其以口給應遂己非而不知窮

疏子路至佞者○正義曰此章勉人學也子路使子羔爲費宰者子路臣季氏故任舉子羔使爲季氏費邑宰也子曰賊夫人之子者賊害也夫人之子指子羔也孔子之意以爲子羔學未熟習而使爲政必累其身所以爲賊害也子路曰有民人焉有社稷焉何必讀書然後爲學者子路辨荅孔子言費邑有人民焉而治之有社稷之神焉而事之治民事神於是而習之是亦學也何必須讀書然後乃謂爲學也子曰是故惡夫佞者言人所以憎惡夫佞者祇爲口才捷給文過飾非故也今子路以口給應遂己非而不知窮已是故致人惡夫佞者

之亂陳人恃其聚而侵楚 聚積聚也。聚才住反注及下注邑聚同積子賜反 楚既寧將取陳麥楚子問帥於大師子穀與葉公諸梁子穀曰右領差車與左史老皆相令尹司馬以伐陳其可使也 言此二人皆嘗輔相子西子期伐陳今復可使。帥所類反相息亮反注及下而相國并注同復扶又反 子高曰率賤民慢之懼不用命焉 右領左史皆楚賤官。率所類反本作帥師下同 子穀曰觀丁父鄀俘也武王以爲軍率 楚武王。鄀音若俘芳夫反 是以克州蓼服隨唐大啓羣蠻彭仲爽申俘也文王以爲令尹實縣申息 楚文王滅申息以爲縣。蓼本又作鄝音了 朝陳蔡封畛於汝 開封畛比至汝水。畛之忍反一音眞 唯其任也何賤之有子高曰天命不謟 謟疑也。謟本又作滔他刀反 令尹有憾於陳 十五年子西伐吳陳使貞子弔吳以此爲恨。憾本又作感戶暗反 天若亡之其必令尹之子是與君盍舍焉 舍右領與左史。盍戶獵反舍音捨又音赦注同 臣懼右領與左史有二俘之賤而無其令德也王卜之武城尹吉 武城尹子西子公孫朝。朝如字 使帥師取陳麥陳人御之敗遂圍陳秋七月己卯楚公孫朝帥師滅陳 終鄭裨竈言五及鶉火陳卒亡。鶉音純 王與葉公枚卜子良以爲令尹 枚卜不所言所以命龜子良惠王弟。枚亡杯反 沈尹朱曰吉過於其志 志望也 葉公曰王子而相國過將何爲 過相將爲王也 他日改卜子國而使爲令尹 子國寧也 ○

卷十七

傳十八年春宋殺皇瑗公聞其情復皇氏之族使皇緩爲右師言宋景公無常也緩瑗從子○緩戸管反從才用反疏注言宋至從子○正義曰世族譜瑗皇父充石八世孫緩充石十世孫則爲從孫非從子二者必有一誤○巴人伐楚圍鄾鄾楚邑○鄾音憂初右司馬子國之卜也觀瞻曰如志子國未爲令尹時卜爲右司馬得吉兆如其志觀瞻楚開卜大夫觀從之後故命之命以爲右司馬及巴師至將卜帥王曰寧如志何卜爲寧子國也○帥所類反使帥師而行請承承佐王曰寢君工尹勤先君者也柏舉之役寢尹吳由于以背受戈工尹固執燧象奔吳師皆爲先君勤勞○燧音遂爲于僞反三月楚公孫寧吳由于薳固敗巴師于鄾故封子國於析君子曰惠王知志知用其意○薳于委反析星歷反夏書曰官占唯能蔽志昆命于元龜逸書也官占卜筮之官蔽斷也昆後也言當先斷意後用龜也○蔽必世反斷也注同尚書能作克克亦能也昆命于元龜本依尚書○斷丁亂反下同疏夏書至元龜○正義曰夏書大禹謨之篇也彼能作先耳唯先蔽志昆命于元龜孔安國云帝王立卜占之官故曰官占蔽斷昆後也官占之法先斷人志後命於元龜言志定然後卜也杜雖不見古文其解亦與孔合周禮謂斷獄爲蔽獄是蔽爲斷也昆後也釋言文其是之謂乎志曰聖人不煩卜筮惠王其有焉不疑故不卜也○夏

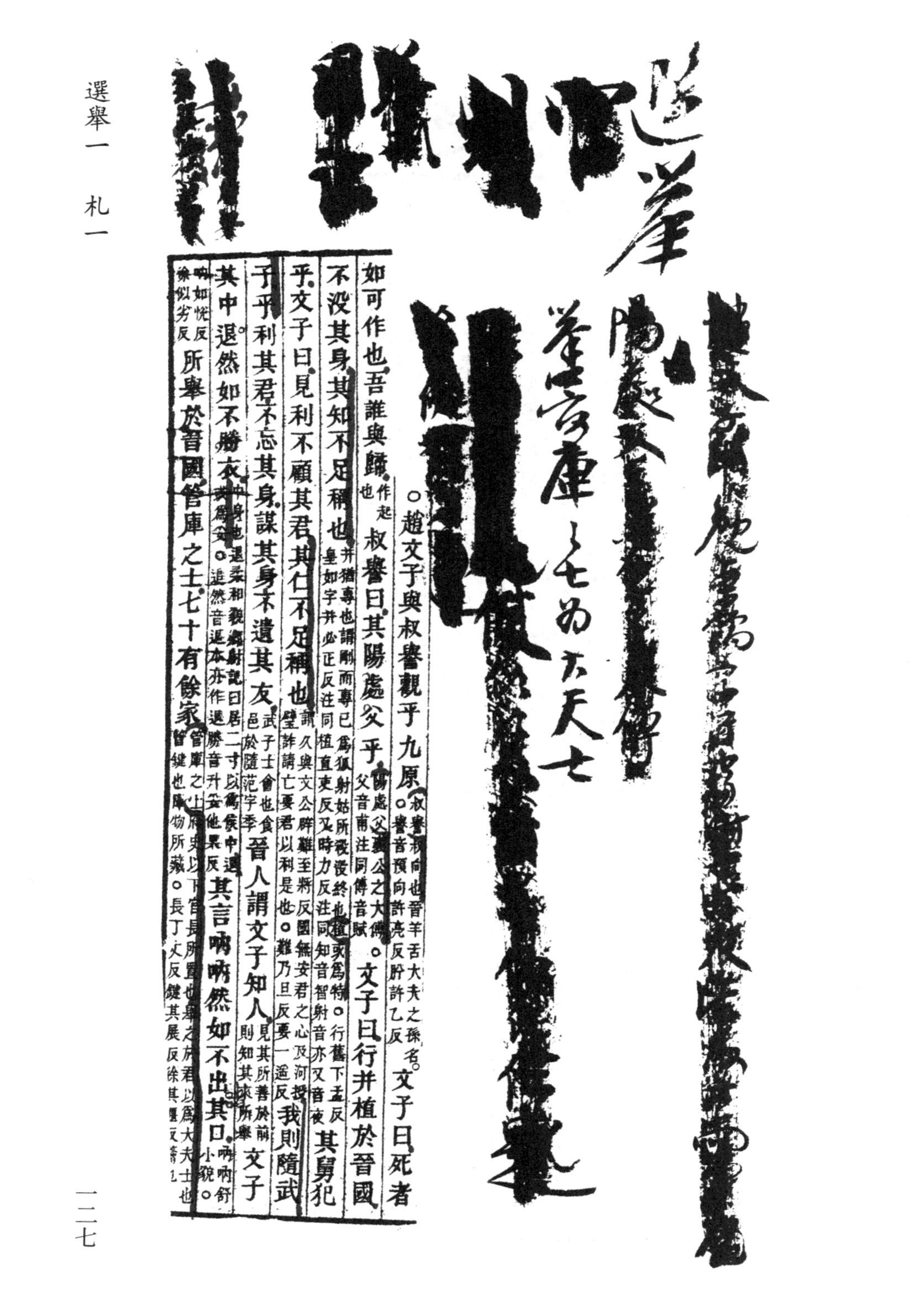

○趙文子與叔譽觀乎九原（叔譽，叔向也，晉羊舌大夫之孫名。○譽音預，向許亮反，肸許乙反）文子曰：死者如可作也，吾誰與歸？（作，起也）叔譽曰：其陽處父乎？（陽處父，襄公之大傅。○父音甫，注同。傅音賦）文子曰：行并植於晉國，不沒其身，其知不足稱也。（并猶專也。謂剛而專己，爲狐射姑所殺。沒，終也。植或爲特。○行，舊下孟反，皇如字。并必正反，注同。植直吏反，又時力反，注同。知音智。射音亦，又音夜）其舅犯乎？文子曰：見利不顧其君，其仁不足稱也。（謂久與文公辟難，至將反國，無安君之心，及河授璧，詐請亡，要君以利是也。○難乃旦反，要一遙反）我則隨武子乎，利其君不忘其身，謀其身不遺其友。（武子，士會也。食邑於隨，范字季）晉人謂文子知人（見其所善於前，則知其來所舉）。文子其中退然，如不勝衣（中，身也。退，柔和貌。射記曰：居二寸以爲侯中。退或爲妥。○退然音退，本亦作退。勝音升。妥他果反），其言吶吶然如不出其口（吶吶，舒小貌。○吶如悅反，徐似劣反）。所舉於晉國管庫之士七十有餘家（管庫之士，府史以下，官長所置也。舉之於君，以爲大夫士也。管，鍵也。庫，物所藏。○長丁丈反。鍵其展反，徐其[illegible]反）

三世顯名於諸侯。越石父賢，在縲紲中。〔正義〕縲音力追反。縲，黑索也。紲，繫也。晏子春秋云：晏子之晉，至中牟，覩弊冠反裘負薪息於塗側，晏子問曰：何者？對曰：我石父也，苟免饑凍，爲人臣僕。晏子解左驂贖之，載與俱歸。案：與此文小異。晏子出，遭之塗，解左驂贖之，載歸。弗謝，入閨。久之，越石父請絕。晏子戄然，〔正義〕戄，許縛反。皇覽云：晏子冢在臨淄城南菑水南桓公冢西北。括地志云：齊桓公墓在青州臨淄縣東南二十三里鼎足上。又云：齊晏嬰冢在齊子城北門外。晏子云：吾生近市，死豈易吾志。乃葬故宅後，人名曰清節里。按：恐皇覽誤，乃管仲冢也。攝衣冠謝曰：嬰雖不仁，免子於厄，何子求絕之速也？石父曰：不然。吾聞君子詘於不知巳而信於知巳者。〔索隱〕信讀曰申。周禮皆然。申於知巳，謂以彼知我而我志獲申。方吾在縲紲中，彼不知我也。夫子既以感寤而贖我，是知巳；知巳而無禮，固不如在縲紲之中。晏子於是延入爲上客。

晏子爲齊相，出，其御之妻從門閒而闚其夫。其夫爲相御，擁大蓋，策駟馬，意氣揚揚甚自得也。既而歸，其妻請去。夫問其故。妻曰：晏子長不滿六尺，身相齊國，名顯諸侯。今者妾觀其出，志念深矣，常有以自下者。今子長八尺，乃爲人僕御，子之意自以爲足，妾是以求去也。其後夫自抑損。晏子怪而問之，御以實對。晏子薦以爲大夫。

狀貌

選舉

仲尼弟子列傳

澹臺滅明[集解]包氏曰澹臺姓滅明名[正義]括地志云延津在滑州靈昌縣東七里注水經云黃河水至此爲之延津昔澹臺子羽齎千金璧渡河陽侯波起兩蛟夾舟子羽曰吾可以義求不可以威劫操劍斬蛟蛟死乃投璧於河三投而輒躍乃毀璧而去亦無怪意即此津也武城人[正義]括地志云在兗州字子羽少孔子三十九歲狀貌甚惡欲事孔子孔子以爲材薄既已受業而退脩行行不由徑非公事不見卿大夫[集解]包氏曰言其公且方南游至江[索隱]今吳國東南有澹臺湖即其遺迹所在也從弟子三百人設取予去就名施乎諸侯孔子聞之曰吾以言取人失之宰予以貌取人失之子羽[索隱]家語子羽有君子之容而行不勝其貌宰我有文雅之辭而智不充其辯孔子曰以容取人則失之子羽以言取人則失之宰予今云滅明狀貌甚惡則以子羽形陋也正與家語相反[正義]括澹子羽墓在兗州鄒城縣是也

宓不齊字子賤[集解]孔安國曰魯人[正義]顏氏家訓云兗州永郡城舊單父縣地也東有子賤碑漢世所立乃云濟南伏生即子賤之後是虙之與伏古來通字誤爲宓較可明矣虙字從虍音呼宓從宀音綿下俱爲必世傳寫誤也少孔子四十九歲[索隱]家語少孔子三十歲此云四十九不同孔子謂子賤君子哉魯無君子斯焉取斯[集解]包氏曰如魯無君子子賤安得此行而學子賤爲單父宰[正義]宋州縣也說苑云宓子賤理單父彈琴身不下堂單父理巫馬期以星出以星入而單父亦理巫馬期問其故宓子賤曰我之謂在人子之謂在力任力者勞任人者逸反命於孔子曰此國有賢不齊者五人[索隱]家語云不齊所父事者三人所兄事者五人所友者十一人與此不同教不齊所以治者孔子曰惜哉不齊所治者小所治者大則庶幾矣

公晳哀字季次[集解]駰案孔子家語云齊人[索隱]家語作公晳克孔子曰天下無行多爲家臣仕於都唯季次未嘗仕[索隱]家語云未嘗屈節爲人臣故子特賞歎之亦見游俠傳

高柴字子羔[集解]鄭玄曰衞人[正義]家語云齊人少孔子三十歲子羔長不盈五尺受業孔子孔子以爲愚子路使子羔爲費郈宰[正義]括地志云鄆州宿縣二十三里郈亭孔子曰賊夫人之子[集解]包氏曰子羔學未熟習而使爲政所以賊害人子路曰有民人焉有社稷焉何必讀書然後爲學[集解]孔安國曰言治人事神於是而習亦學也孔子曰是故惡夫佞者[集解]孔安國曰疾其以給應遂己非而不知窮也

貌

跽養

孟嘗君過趙趙平原君客之趙人聞孟嘗君賢出觀之皆笑曰始以薛公爲魁然也今視之乃眇小丈夫耳孟嘗君聞之怒客與俱者下斫擊殺數百人遂滅一縣以去齊湣王不自得以其遣孟嘗君（索隱）得一作德是湣王遣孟嘗君孟嘗君自言己無德故也孟嘗君至則以爲齊相任政孟嘗君怨秦將以齊爲韓魏攻楚因與

孟嘗君列傳

尚賢中第九

子墨子言曰今王公大人之君人民主社稷治國家欲脩保而勿失故不察尚賢為政之本也畢云故一本作胡蘇云胡是也下同詒讓案下文兩見一作胡一作故盧云當云尚賢之為政本王云盧說非也下文曰胡不察尚賢為政之本也且以尚賢為政之本者亦豈獨子墨子之言哉與此文同一例則不得倒之字于為政上矣故與胡同故下文又曰故不察尚賢為政之本也管子侈靡篇公將有行故不送公亦以故為胡何以知尚賢之為政本也曰自貴且智者為政乎愚且賤者則治自愚賤者為政乎貴且智者則亂愚下依上文亦當有且字是以知尚賢之為政本也故古者聖王甚尊尚賢而任使能不黨父兄不偏貴富不嬖顏色賢者舉而上之富而貴之以為官長不肖者抑而廢之貧而賤之以為徒役是以民皆勸其賞畏其罰相率而為賢者以賢者眾而不肖者寡俞云相率而為賢絕句者字乃是字之誤屬下讀惟其相率而為賢是以賢者眾而不肖者寡也兩句皆用是以字古人行文不避重複今誤作相率而為賢者則是民之相率為賢以賢者眾而不肖者寡之故

埽葉山房石印

于義不可通矣此謂進賢畢云謂一本作為詒讓案進賢依上[illegible]尚[illegible]

今王公大人有一衣裳不能制也必藉良工有一牛羊不能殺也必藉良宰呂氏春秋不苟篇與良宰遺之高注云宰謂膳宰故當若之二物者王公大人未知以尚賢使能為政也王云未知當作未嘗不知義見上下文蘇云未知當作未有不知詒讓案未疑本之譌逮至其國家之亂社稷之危則不知

使能以治之蘇云使能上當脫尚賢二字親戚則使之無故富貴面目佼好則使之詩陳風月出篇佼人僚兮釋文云佼字又作姣好也畢云佼姣字假音說文云姣好也玉篇云姣音狡妖媚也俞云無故富貴義不可通無乃衍字故富貴謂本來富貴者也不問其賢否而惟故富貴者是使則非尚賢之謂矣上文曰故古者聖王甚尊尚賢而任使能不黨父兄不偏富貴不嬖顏色此云親戚則使之是黨父兄矣故富貴面目佼好則使之是偏富貴而嬖顏色矣後人不達故富貴之義而妄加無字殊失其旨下篇同案無故富貴中下兩篇屢見羣書治要引同無似非衍文俞說未塙竊疑故當為攻即功之借字下篇云其所賞者已無故矣故亦攻之譌可以互證夫無故富貴面目佼好則使之豈必智且有慧哉說文心部云慧儇也王云智且慧與前貴且智愚且賤文同一例慧上不當有有字蓋後人所加若使之治國家則此使不智慧者治國家也國家之亂既可得而知已且夫王公大人有所愛其色而使據下文下當有之字其心不察其知而與其愛是故不能治百人者使處乎千人之官不能治千人者使處乎萬人之官此其故何也曰處若官者爵高而祿厚故愛其色而使之焉處若舊本倒王云若與故義不相屬若處官者當為處若官者若官此官也言以處此官者爵高而祿厚故特用其所愛也下

文曰雖日夜相接以治若官是其證若與此同義說見上文）夫不能治千人者使處乎萬人之官則此官什倍也夫治之法將曰至者也曰以治之日不什脩也（小爾雅廣言云脩長也什脩謂十倍其長）知以治之知不什益而予官什倍則此治一而棄其九矣雖日夜相接以治若官官猶若不治此其故何也則王公大人不明乎以尚賢使能為政也

今王公大人有一牛羊之財（畢云同材）不能殺必索良宰有一衣裳之財不能制必索良工當王公大人之於此也雖有骨肉之親無故富貴（無疑當為毋下同詳中篇）面目美好者實知其不能也不使之也是何故恐其敗財也當王公大人之於此也則不失尚賢而使能王公大人有一罷馬不能治（罷治要作疲下同案罷疲字同國語齊語云天下諸侯罷馬以為幣韋注云疲不任用也管子小匡篇作疲馬尹知章注云疲謂瘦也）必索良醫有一危弓不能張（考工記弓人云豐肉而短寬緩以荼若是者為之危弓鄭注云危猶疾也）必索良工當王公大人之於此也雖有骨肉之親無故富貴面目美好者實知其不能也（實治要作誠）必不使是何故恐其敗財也當王公大人之於此也則不失尚賢而使能逮至其國家則不然（逮至治要作至逮）王公大人骨肉之親無故富貴面目美好者則舉之則王公大人之親其國家也（親疑並當作視）不若親其一危弓罷馬衣裳牛羊之

財與〔下句其字治要無〕我以此知天下之士君子皆明於小而不明於大也〔畢云舊脫明字一本有案道藏本季本並有〕此譬猶瘖者而使為行人〔說文疒部云瘖不能言也〕聾者而使為樂師是故古之聖王之治天下也

其所富其所貴皆王公大人骨肉之親無故富貴面目美好者也

今王公大人其所富其所貴皆王公大人骨肉之

親無故富貴面目美好者也今王公大人骨肉之親無故富貴面目美好者焉故必知哉〔論語子路皇侃義疏云焉猶何也顏子推家訓音辭篇引葛洪字苑云焉字訓何訓安音於愆反〕若不知使治其國家則其國家之亂可得而知也今天下之士君子皆欲富貴而惡貧賤然女何為而得富貴而辟貧賤哉曰莫若為王公大人骨肉之親無故富貴面目美好者〔舊本脫此八字王据上下文補今從之〕王公大人骨肉之親無故富貴面目美好者此非可學能者也〔王校能上增而字〕使不知辯〔舊本脫知字今据道藏本補〕德行之厚若禹湯文武不加得也王公大人骨肉之親躄瘖聾暴為桀紂不加失也〔說文止部云躄人不能行也呂氏春秋盡數篇高注云躄不能行也躄即躄之或體躄瘖聾皆廢疾不宜與暴並舉且荀子非相篇稱桀紂長巨姣美則必無此諸疾疑聾下挩一字下暴為桀紂自為句為又如之誤二字草書相近躄瘖聾言其有惡疾暴如桀紂言其有惡行也又案聾下或挩瞽字耕柱篇亦云聾瞽〕

尚賢下　21

也

荀子非安仰

据子勤

選舉一

廿

選舉

鄭樵之作文於多從子孔明後世作

古舊下為載者以任序賤政府

大射　王　擇
士無臣
侯　鵠　正　質

王大射則共虎
侯熊侯豹侯設其鵠諸侯則共熊侯豹侯卿大夫則共麋侯皆設其鵠大射者為祭祀射王將有郊廟之事以射擇諸
侯及羣臣與邦國所貢之士可以與祭者射者可以觀德行其容體比於禮其節比於樂而中多者得與於祭諸侯謂三
公及王子弟封於畿內者卿大夫亦皆有采地焉其將祀其先祖亦與羣臣射以擇之凡大射各於其射宮侯者其所射
也以虎熊豹麋之皮飾其側又方制之以為臬謂之鵠著于侯中所謂皮侯王之大射虎侯王所自射也熊侯諸侯所射
豹侯卿大夫以下所射諸侯之大射熊侯諸侯所自射豹侯羣臣所射卿大夫之大射麋侯君臣共射焉凡此侯道虎九
十弓熊七十弓豹麋五十弓列國之諸侯大射大侯亦九十參七十干五十遠尊得伸可同耳所射正謂之侯者天子中
之則能服諸侯諸侯以下中之則得為諸侯鄭司農云鵠鵠毛也方十尺曰侯四尺曰鵠二尺曰正四寸曰質玄謂侯中
之大小取數於侯道鄉射記曰弓二寸以為侯中則九十弓者侯中廣丈八尺七十弓者侯中廣丈四尺五十弓者侯中
廣一丈尊卑異等此數明矣考工記曰梓人為侯廣與崇方參分其廣而鵠居一焉然則侯中丈八尺者鵠方六尺侯中
丈四尺者鵠方四尺六寸大半寸侯中一丈者鵠方三尺三寸少半寸謂之鵠者取名於鳱鵠鳱鵠小鳥而難中是以中
之為儁亦取鵠之言較較者直也射所以直已志用虎熊豹麋之皮示服猛討迷惑者射者大禮故取義衆也士不大射
士無臣祭無所擇故書諸侯則共熊侯虎侯杜子春云虎當為豹〇鵠古毒反為祭于偽反以與音預下得與同行下孟
反比毗志反下同而中丁仲反下天子中之以下中之而難中以中皆同所射食亦反下自射所射共射皆同辜諸允反
本亦作準著直略反又張略反參素感反干五旦反劉音
鳫本又作犴逮于萬反正音征下同鳱音干劉音鳫一音岸
疏
王大至其鵠〇釋曰言王大射者王將祭祀選助祭之
人故於西郊小學之中王與諸侯及羣臣等行大射之
法故云王大射也則共虎侯熊侯豹侯者虎侯者謂以虎皮飾其側九十步之侯王自射之也熊侯者以熊皮飾其側七
十步之侯諸侯射之也豹侯者謂以豹皮飾其側五十步之侯孤卿大夫已下射之也云設其鵠者其鵠還以虎熊豹皮
為之方制之三分其侯鵠居其一故云設其鵠也云諸侯則共熊侯者謂畿內諸侯三公王子母弟熊侯亦如王之熊侯
諸侯自射之豹侯者亦如王之豹侯羣臣共射之也卿大夫者謂王朝卿大夫則共麋侯者亦五十步以麋皮飾其側君

射

禮射又〈大射——士無 賓射 燕射

鄉〈州長射于序 卿射
二曰政〈卿大夫 庠人

侯

射郊

射宮郊左

凡天子諸侯及卿大夫禮射有三一爲大射是將祭擇士之射二爲賓射諸侯來朝天子入而與之射也或諸侯相朝而與之射也三爲燕射謂息燕而與之射其天子諸侯大夫三射皆具其士無大射故司裘職云大射唯明王及諸侯卿大夫不及於士故鄭注云士不大射士無臣祭無所擇是也其賓射燕射士皆有之故射人云士射豻侯二正是士有賓射也又鄉射記云士布侯畫以鹿豕是士有燕射矣其侯天子大射則射皮侯故考工記云張皮侯而棲鵠則春以功又司裘職云王大射則共虎侯熊侯豹侯設其鵠鄭注考工記皮侯謂此侯也畿內諸侯大射則張熊侯豹侯故司裘職云諸侯則共熊侯豹侯設其鵠是也唯畿外諸侯大射亦張三侯鄭注云遠尊得伸故亦張三侯一曰大侯鄭注云則天子熊侯謂以熊皮飾之二曰糝侯鄭注云糝雜也豹鵠而麋飾三曰豻侯鄭注云豻胡犬皮飾侯若畿內卿大夫射麋侯故司裘云卿大夫則共麋侯是也其畿內卿大夫射侯無文於諸侯既得三侯其卿大夫蓋降君一等則糝侯豻侯其大射之侯皆有鵠也其鵠則三分侯中而居其一故考工記云梓人爲侯廣與崇方參分其廣而鵠居一焉凡皮侯者各以其飾侯之側又方制其皮以爲鵠故鄭注司裘云以虎熊豹麋之皮飾其側又方制之以爲𩿨謂之鵠謂之鵠者取名於鳱鵠鳱鵠小鳥而難中是以中之爲儁亦取鵠之言較較者直也射所以直己志則是但取其名非是實鳥也此侯道鄭注司裘云虎九十弓熊七十弓豹麋五十弓列國之諸侯大射大侯亦九十參七十干五十遠尊得伸可同耳其天子以下賓射則射人云王射三侯五正諸侯射二侯三正卿大夫射一侯二正士射豻侯二正鄭云謂五正三正二正之侯五正者中朱次白次蒼次黃玄居外三正損玄黃二正畫以朱綠鄭又云二侯者三正二正之侯也一侯者一正而已此皆與賓射於朝之禮也考工記梓人職云張五采之侯則遠國屬賓射之侯謂之正鄭注大射云正者正也亦鳥名齊魯之間名題肩爲正然則天子賓射用五正三正二正之侯畿內諸侯賓射用三正之侯卿大夫用二正之侯士亦用二正之侯又飾以豻畿外諸侯以下賓射其侯無文約大射諸侯既同

天子張三侯則賓射亦同天子用五正三正二正之侯其卿大夫射亦三正二正之侯士射二正之侯若五正者同虎侯九十弓三正者同熊侯七十弓二正者同豹侯五十弓凡中央之赤皆方二尺以外之色皆分布之其外又畫以雲氣天子以下燕射則尊卑皆用一侯故鄉射記云天子熊侯白質諸侯麋侯赤質大夫布侯畫以虎豹士布侯畫以鹿豕鄭注云白質赤質皆謂采其地其地不采者白布也熊麋虎豹鹿豕皆正而畫其頭象於正鵠之處耳君畫一臣畫二陽奇陰偶之數也燕射射熊虎豹不忘上下相犯射麋鹿豕志在君臣相養也梓人云張獸侯則王以息燕謂此也鄉射記既不列畿內畿外之異則諸侯以下外內同也鄉射記列天子以下各一侯下文云侯道五十弓弓二寸以爲侯中則天子以下皆五十弓侯中同方一丈也降尊以就卑言燕主歡心故也而皇氏沈氏乃云天子熊侯或云九十弓或云七十弓乃同三侯上下之差文無準據其義非也其侯用布之數案鄉射記鄉侯五十弓則侯道五十步也以弓之下制長六尺以射用弓故稱弓一弓取二寸以爲中則侯中方一丈也鄉射記又云倍中以爲躬注云躬身也謂中之上下幅也用布各二丈鄉射記又云倍躬以爲左右舌舌謂躬之上下橫一幅布張於躬外左右而出謂之舌考工記謂舌爲个躬既二丈上舌倍躬則用布四丈也鄉射記又云下舌半上舌注云半者半其出於躬者也上舌出躬各一丈則下舌出躬各五尺然則下舌用布三丈揔而計之侯中方一丈凡五幅用布五丈上下二躬用布四丈上舌復用布四丈下舌用布三丈故鄭注鄉射記云鄉射侯用布十六丈也以此計之侯道七十弓則侯中方丈四尺凡七幅幅別丈四是用布九丈八尺上下二躬各倍中用布五丈六尺上舌倍躬亦用布五丈六尺上舌出躬各丈四尺下舌半上舌則左右各減七尺則下舌用布四丈二尺故鄭注鄉射記云七十步之侯用布二十五丈二尺其九十弓之侯則侯中方丈八尺凡九幅幅別一丈八尺案中用布十六丈二尺上下二躬各倍中用布七丈二尺上舌倍躬長七丈二尺其舌出躬各丈八尺下舌半上舌出躬者則左右各減九尺下舌長五丈四尺故鄭注鄉射記云九十步之侯用布三十六丈其張三侯之體同道位之近者最下遠者漸高故大射云大侯之崇見鵠於參參見鵠於干干不及地武以此計之豻侯下畔去地尺二寸豻侯之體上下躬及舌揔有四幅凡廣八尺侯中方一丈是豻侯揔高一丈九尺二寸此豻侯上畔去地一丈九尺二寸以此豻侯上畔則是糝侯之鵠去地之數也其糝侯下舌及躬凡有四尺糝侯之中鵠下有三分之一糝侯中方丈四其三分之一得四尺六寸三分寸之二是糝侯自鵠以下凡有八尺六寸三分寸之二皆爲豻侯所掩豻侯上畔去地一丈九尺二寸去其八尺六寸三分寸之二是糝侯下畔去地一丈五寸三分寸之一故鄭注大射云糝侯去地一丈五寸少寸半也云少半寸則三分寸之一也豻侯既去地一丈九尺二寸更加糝侯之中三分之二九尺三寸三分寸之一又加糝侯上躬與个四尺則糝侯上畔去地三丈二尺五寸三分寸之一則是大侯鵠下之數也其大侯下舌及躬并侯中三分之一揔一丈爲糝侯所掩於三丈二尺五寸三分寸之一減其二丈則是大侯下畔去地之數故鄭注大射云大侯去地二丈二尺五寸少半寸也其耦射人云王以六耦諸侯以四耦卿大夫士以三耦又射人云諸侯以下謂畿內也若畿外諸侯以下則皆三耦故大射及鄉射并左傳襄二十九年晉士鞅來聘射皆三耦是也其射宮所在天子大射必先習於澤宮而後射於射宮則此射義文也其射宮天子則在廟也故司服云享先公饗射則鷩冕司几筵云大朝覲大饗射依前南鄉是也其服鷩冕天子賓射則在朝故射人云諸侯在朝則皆北面是也其服皮弁服矣天子燕射則在寢以諸侯燕於小寢天子路寢之朝謂之燕朝者故知天子諸侯燕射在寢故鄉射記云君國中射則皮樹中鄭注云謂燕射也其服則玄冕

[illegible][illegible][illegible]事也諸侯以爲朝服燕禮云燕朝服於寢是其諸侯大射不顯畿內畿外之異案儀禮大射云公入驁射畢而云入謂從郊入國也謂射在郊學也故鄉射記云於郊則閭中鄭注云大射於大學儀禮所陳多據畿外諸侯即畿內諸侯或亦然也其服無文故用皮弁以射在學宮學記云皮弁祭菜故也其諸侯賓射若在國則亦在朝與天子同若在國外相會則在竟故鄉射記云於竟則虎中鄭注云謂與鄰國君射也其服亦皮弁服也以聘禮君受聘皮弁故也其卿大夫以下射之所在及所服之衣無明文也此三射之外又有鄉射謂鄉大夫貢賢能之後行鄉射之禮而詢衆庶故鄉大夫職云獻賢能之書于王退而以鄉射之禮五物詢衆庶是也又有州長射於州序之禮其侯並同賓射之法故鄭注云鄉侯二正又有主皮之射凡主皮之射有二一是卿大夫從君田獵班餘獲而射書傳云凡祭取餘獲陳於澤然後卿大夫相與射也鄭注鄉射云主皮者無侯張獸皮而射之主於獲也二是庶人亦主皮之射故鄭注周禮云庶人無侯張皮而射之是也又有習武之射故司弓矢云弧弓以授射甲革椹質者是也⊙

按此以下至雖有聖人惡用之皆錯簡也

不可顧小利而移也五官者人爭其職然後君聞官爭理職則國治故君名聞於天下祭之時上賢者也謂助祭之

管子　卷十三　六　埽葉山房石印

時賢者居上爲儀而已非能有所益故君臣掌祭者掌禮以行事所用其智謀或君有故使臣攝之事亦無曠故曰君臣掌也君臣掌下均臣能行君事故曰上下均也此以知上賢無益也人雖云上賢而不用其智謀與祭時適故曰無益既不賢則動皆違理故茲適於危其亡茲適祭祀之時非不上賢但庸臣亦能行君之事無損於令主上賢者亡謂空上之而已而役賢者昌役賢則功成故國昌上義以禁暴義者所以除去不宜故禁暴也尊祖以敬祖祖始也尊立祖廟所以敬始封之君也聚宗以朝殺謂聚會也小之封宗以朝於君而有親疏之殺凡比爲主之重者也示不輕爲主也載祭明置載行也言公將爲行祭至明而

試

是善善分明惡惡顯著也 子曰君子易事而難說也 孔曰不責備於一人故易事 說之不以道不說也及其使人也器之 孔曰度才而官之 小人難事而易說也說之雖不以道說也及其使人也求備焉 疏 子曰至備焉。正義曰此章論君子小人不同之事也子曰君子易事而難說也者言君子不責備於一人故易事不受妄說故難說也說之不以道不說也及其使人也器之者此覆明難說易事之理言君子有正德若人說已不以道而妄說則不喜說也是以難說度人才器而官之不責備故易事小人難事而易說也者小人反君子故也說之雖不以道說也及其使人也求備焉者此覆明易說難事之理以小人為人說媚雖不以道而妄說之亦喜說故易說也及其使人也責備於一人焉故難事也 子曰君子泰而不驕小人驕而不泰 君子自縱泰似驕而不驕小人拘忌而實自驕矜 疏 子曰君子泰而不驕小人驕而不泰。正義曰此章論君子小人禮貌不同之事也君子自縱泰似驕而實不驕小人實驕自矜而強自拘忌不能寬泰也 子曰剛毅木訥近仁 王曰剛無欲毅果敢木質樸訥遲鈍有斯四者近於仁 疏 子曰剛毅木訥近仁。正義曰此章言有此四者之性行近於仁道也仁者靜剛無欲亦靜故剛近仁也仁者必有勇毅者果敢故毅近仁也仁者不尚華飾木者質樸故木近仁也仁者其言也訒訥者遲鈍故訥近仁也

君子不以言舉人不以人廢言 衛靈

禹曰俞哉帝光天之下至于海隅蒼生 光天之下至于海隅蒼蒼然生草木言所及廣遠 萬邦黎獻共惟帝臣惟帝時舉敷納以言明庶以功車服以庸 獻賢也萬國眾賢共為帝臣帝舉是而用之使陳布其言明之皆以功大小為差以車服旌其能用之 誰敢不讓敢不敬應 上惟賢是用則下皆敬應上命而讓善。應應對之應 帝不時敷同日奏罔功 帝用臣不是則遠近布同而日進於無功以賢愚並位優劣共流故

傳獻賢至用之。正義曰釋言云獻聖也賢是聖之次臣德不宜言聖故為賢也萬國眾賢共為帝臣言求臣之處多也帝舉是眾賢而用之使陳布其言令其自說已之所能驗其言而納受之依其言而考試之顯明眾臣皆以功大小為差然後賜車服以旌別其人功能事用是舉賢用人之法也舜典云敷奏以言明試以功奏試二字與此異者彼言施於諸侯其人見為國君故令奏言試功此謂方始擢用故言納庶納謂受取之庶謂在羣眾。傳帝用至流故。正義曰帝用臣不是不以言考功在下知帝不分別善惡則無遠近徧布同心日日進於无功之人由其賢愚並位優劣共流故敷是布之義故言遠近布同同心妄舉也

僞27 原文作試 據大傳引固

益稷

尋爵未盡行賞周襄王以弟帶難出居鄭地來告急晉晉初定欲發兵恐他亂起是以賞從亡未至隱者介子推推亦不言祿祿亦不及推曰獻公子九人唯君在矣惠懷無親外内弃之天未絶晉必將有主主晉祀者非君而誰天實開之二三子以爲己力不亦誣乎竊人之財猶曰是盜況貪天之功以爲己力乎下冒其罪上賞其姦上下相蒙【集解】（服虔曰蒙欺也）難與處矣其母曰盍亦求之以死誰懟推曰尤而效之罪有甚焉且出怨言不食其祿母曰亦使知之若何對曰言身之文也身欲隱安用文之文之是求顯也其母曰能如此乎與女偕隱至死不復見介子推從者憐之乃懸書宮門曰龍欲上天五蛇爲輔【索隱】（龍喻重耳五蛇即五臣狐偃趙衰魏武子司空季子及子推也舊云五臣有先軫顚頡今恐二人非其數）龍已升雲四蛇各入其宇一蛇獨怨終不見處所文公出見其書曰此介子推也吾方憂王室未圖其功使人名之則亡遂求所在聞其入緜上山中【集解】（賈逵曰緜上晉地杜預曰西河介休縣南有地名緜上）於是文公環緜上山中而封之以爲介推田【集解】（徐廣曰一作因）號曰介山以記吾過且旌善人【集解】（賈逵曰旌

子如宋報華元也○夏晉荀首如齊逆女故宣伯餫諸穀○梁山崩晉侯以傳召伯
宗伯宗辟重曰辟傳重人曰待我不如捷之速也問其所曰絳人也問絳事焉曰梁
山崩將召伯宗謀之問將若之何曰山有朽壤而崩可若何國主山川故山崩川竭
君爲之不舉降服乘縵徹樂出次祝幣史辭以禮焉其如此而已雖伯宗若之何伯
宗請見之不可遂以告而從之○許靈公愬鄭伯于楚六月鄭悼公如楚訟不勝楚

蔽

選舉

名人字物

○正義曰此周易既濟象辭也王弼云存不忘亡既濟不忘未濟也**子曰已矣乎吾未見好德如好色者也**【疏】子曰已矣乎吾未見好德如好色者也○正義曰此章疾時人好色而不好德也**子曰臧文仲其竊位者與知柳下惠之賢而不與立也**孔曰柳下惠展禽也知賢而不舉是爲竊位【疏】子曰臧文仲其竊位者與知柳下惠之賢而不與立也○正義曰此章勉人舉賢也竊盜也魯大夫臧文仲知賢不舉偷安於位故曰竊位以其知柳下惠之賢不稱舉與立於朝廷也○注柳下惠展禽也○正義曰案魯語展禽對臧文仲云獲聞之是其人氏展名獲字禽柳下惠是其所食之邑名謚曰惠列女傳柳下惠死門人將謚之妻曰夫子之謚宜爲惠乎門人從以爲謚莊子云柳下季者季是五十字禽是二十字**子曰躬自厚而薄責於人則**

簡要

穀梁傳

攘善

○梁山崩梁山晉之望也不言晉者名山大澤不以封也許慎曰山者陽位君之象也象君權

成五

疏注梁山至望也○釋曰詩云奕奕梁山是韓國之鎮霍陽韓魏晉之地故云晉之望也不日何也據僖十四年秋八月辛卯沙鹿崩書日高者有崩道也有崩道則何以書也曰梁山崩壅遏河三日不流晉君召伯尊而問焉伯尊來遇輦者輦者不辟使車右下而鞭之凡車將在左御在中有力之人在右所以備非常○壅於勇反遏於葛反伯尊左氏作伯宗辟音避將子匠反輦者曰所以鞭我者其取道遠矣所用鞭我之間行道則可遠伯尊下車而問焉以其言有理知非凡人曰子有聞乎對曰梁山崩壅遏河三日不流伯尊曰君爲此召我也爲之奈何輦者曰天有山天崩之天有河天壅之雖召伯尊如之何伯尊由忠問焉用忠誠之心問之○爲此于僞反○輦者曰君親素縞帥羣臣而哭之既而祠焉斯流矣素衣縞冠凶服也所以凶服者山川國之鎮也山崩川塞示哀窮○縞古老反疏注素衣至哀窮釋曰禮云素縞者鄭玄云黑經白緯謂之縞縞冠素紕以純喪冠故謂之素縞是祥祭之冠也今注云素衣縞冠與鄭異也伯尊至君問之曰梁山崩壅遏河三日不流爲之奈何伯尊曰君親素縞帥羣臣而哭之既而祠焉斯流矣孔子聞之曰伯尊其無績乎攘善也績功也攘盜也取輦者之言而行之非己之功也績或作續謂無繼嗣○攘如羊反疏注績謂無繼嗣○釋曰舊說云伯尊晉之賢大夫輦人晉之隱士今一遇吐誠理難再得伯尊不能薦之於晉侯以救朝廷之急反竊其語而聘其人藏賢罪深故被戮絕嗣子夏雖匿聖人之論能播教於西河令黑水之人欽其風蒲坂之間愛其道其罪先輕故直喪明而已然此之立說恐非其理何者天道冥昧非人所知大聖立言意在執世則伯尊之戮未必由蔽賢人之言卜商喪明豈關匿聖人之論徒爭罪之輕重妄說受罪淺深據理言之恐非聖賢之旨何休以爲梁山崩壅河三日不流衆諸侯失勢王道絕故自是之後六十年之中弒君十四亡國三十二案此傳說輦者之言竟不論天子諸侯喪亡之事則何休之言未必通於此也○秋大水○冬十一月己酉天王崩定王○十有二月己丑公會晉侯齊侯宋公衛侯鄭伯曹伯邾子杞伯同盟于蟲牢蟲牢鄭地○蟲直忠反牢力刀反

蔽

選舉

辟雍是能以善養人者也故自西自東自南自北無思不服此之謂也

孟子曰言無實不祥不祥之實蔽賢者當之凡言皆有實孝子之實養親是也善之實仁義是也祥善當直也不善之實何等也蔽賢之人直於不善之實也

疏 正義曰此章言進賢受上賞蔽賢蒙顯戮者也孟子曰至蔽賢者當之者孟子謂人之言無其實本者乃虛妄之言也以虛妄之言言之則或掩人之善或飾人之惡爲人所

親

送葬

塗水大夫韓固爲馬首大夫孟丙爲盂大夫樂霄爲銅鞮大夫趙朝爲平陽大夫僚
安爲楊氏大夫謂賈辛司馬烏爲有力於王室故舉之謂知徐吾趙朝韓固魏戊餘
子之不失職能守業者也其四人者皆受縣而後見於魏子以賢舉也魏子謂成鱄
吾與戊也縣人其以我爲黨乎對曰何也戊之爲人也遠不忘君近不偪同居利思
義在約思純有守心而無淫行雖與之縣不亦可乎昔武王克商光有天下其兄弟
之國者十有五人姬姓之國者四十人皆舉親也夫舉無他唯善所在親疏一也詩
曰唯此文王帝度其心莫其德音其德克明克明克類克長克君王此大國克順克
比比于文王其德靡悔既受帝祉施于孫子心能制義曰度德正應和曰莫照臨四
方曰明勤施無私曰類教誨不倦曰長賞慶刑威曰君慈和徧服曰順擇善而從之
曰比經緯天地曰文九德不愆作事無悔故襲天祿子孫賴之主之舉也近文德矣
所及其遠哉賈辛將適其縣見於魏子魏子曰辛來昔叔向適鄭鬷蔑惡欲觀叔向
從使之收器者而往立於堂下一言而善叔向將飲酒聞之曰必鬷明也下執其手
以上曰昔賈大夫惡娶妻而美三年不言不笑御以如皋射雉獲之其妻始笑而言

○楚子城陳蔡不羹使弃疾爲蔡公王問於申無宇曰弃疾在蔡何如對曰擇子莫如父擇臣莫如君鄭莊公城櫟而寘子元焉使昭公不立齊桓公城穀而寘管仲焉至于今賴之臣聞五大不在邊五細不在庭親不在外羇不在內今弃疾在外鄭丹在內君其少戒王曰國有大城何如對曰鄭京櫟實殺曼伯宋蕭亳實殺子游齊渠丘實殺無知衛蒲戚實出獻公若由是觀之則害於國末大必折尾大不掉君所知也

春秋左傳　昭公十一年　三百五十三

子之爲司寇也溝而合諸墓昭公出故季平子禱于煬公九月立煬宮○周鞏簡公棄其子弟而好用遠人

春秋左傳　昭公十二年　三百五十四

經二年春王正月○夏五月壬辰雉門及兩觀災○秋楚人伐吳○冬十月新作雉門及兩觀

傳二年夏四月辛酉鞏氏之羣子弟賊簡公○桐叛楚吳子使舒鳩氏誘楚人曰以

乎知禮禮無毀人以自成也○夏宋華定來聘通嗣君也享之爲賦蓼蕭弗知又不荅賦昭子曰必亡宴語之不懷寵光之不宣令德之不知同福之不受將何以在○齊侯衞侯鄭伯如晉朝嗣君也○公如晉至河乃復取郠之役莒人愬于晉晉有平公之喪未之治也故辭公公子慭遂如晉晉侯享諸侯子産相鄭伯辭於享請免喪而後聽命晉人許之禮也晉侯以齊侯宴中行穆子相投壺晉侯先穆子曰有酒如

於宋其祖弗父何以有宋而授厲公及正考父佐戴武宣三命玆益共故其鼎銘云一命而僂再命而傴三命而俯循牆而走亦莫余敢侮饘於是鬻於是以餬余口其共也如是臧孫紇有言曰聖人有明德者若不當世其後必有達人今其將在孔丘乎我若獲沒必屬說與何忌於夫子使事之而學禮焉以定其位故孟懿子與南宮敬叔師事仲尼仲尼曰能補過者君子也詩曰君子是則是效孟僖子可則效已矣○單獻公弃親用羇冬十月辛酉襄頃之族殺獻公而立成公○十一月季武子卒晉侯謂伯瑕曰吾所問日食從矣可常乎對曰不可六物不同民心不壹事序不類官職不則同始異終胡可常也詩曰或燕燕居息或憔悴事國其異終也如是公曰何謂六物對曰歲時日月星辰是謂也公曰多語寡人辰而莫同何謂辰對曰日月之會是謂辰故以配日○衛襄公夫人姜氏無子嬖人婤姶生孟縶孔成子夢康叔謂己立元余使羈之孫圉與史苟相之史朝亦夢康叔謂己余將命而子苟與孔烝鉏之曾孫圉相元史朝見成子告之夢夢協晉韓宣子爲政聘于諸侯之歲婤姶生子名之曰元孟縶之足不良能行孔成子以周易筮之曰元尚享衛國主其社稷遇

[illegible]

范雎並王稽鄭安平

史記本傳

選舉

賞讓

○荀罃士魴卒晉侯蒐于緜上以治兵爲將命軍帥也必蒐而命之所以與衆共○爲于僞反帥所類反使士匄將中軍辭曰伯游長伯游荀偃長丁丈反○昔臣習於知伯是以佐之非能賢也七年韓厥老知罃代將中軍士匄佐之匄今將讓故謂爾時之舉不以己賢事見九年○見賢遍反請從伯游荀偃將中軍代荀罃士匄佐之位如故使韓起將上軍辭以趙武又使欒黶以武位卑故不聽更命黶辭曰臣不如韓起韓起願上趙武君其聽之使趙武將上軍

襄十三

武自新軍超四等代荀偃韓起佐之位如故欒黶將下軍魏絳佐之黶亦如故絳自新軍佐超一等代士魴。新軍無帥將佐皆遷。將子匠反晉侯難其人使其什吏率其卒乘官屬以從於下軍禮也得愼舉之禮。難乃旦反或如字什音十卒子忽反乘繩證反疏晉侯至禮也。正義曰什吏謂十人長也從車曰卒在車曰乘新軍將佐皆遷晉侯選賢未得難用其人使其軍內十人之長率其步卒車士與其新軍官屬軍尉司馬之類以從於下軍令下軍將佐兼領之得愼舉之禮也周禮夏官序云凡制軍萬有二千五百人爲軍軍將皆命卿二千有五百人爲師師帥皆中大夫五百人爲旅旅帥皆下大夫百人爲卒卒長皆上士二十五人爲兩兩司馬皆中士五人爲伍伍皆有長不言十人有長而此傳云什吏者夏官所云周禮之正法耳其量時制事未必盡然尚書牧誓有千夫長百夫長齊語管子設法五人爲伍五十人爲小戎二百人爲卒二千人爲旅萬人爲軍吳語王孫雄設法百人爲行十行一旌十旌一將軍引司馬法云十人之帥執鈴百人之帥執鐸千人之帥執鼓萬人之將執大鼓三者數人置帥皆以什計之異於周禮則晉人爲軍或十人置吏也。晉國之民是以大和諸侯遂睦君子曰讓禮之主也范宣子讓其下皆讓欒黶爲汰。弗敢違也晉國以平數世賴之刑善也夫刑法也。汰音泰數所主反夫音扶一人刑善百姓休和可不務乎書曰一人有慶兆民賴之其寧惟永其是之謂乎周書呂刑也一人天子也寧安也永長也義取上有好善之慶則下賴其福。休許虯反好呼報反周之興也其詩曰儀刑文王萬邦作孚詩大雅言文王善用法故能爲萬國所信孚信也言興善也疏詩曰至善也。正義曰此大雅文王之篇儀善也刑法也孚信也善用法者文王也言文王善用法故能爲萬國所信言文王之法善也及其衰也其詩曰大夫不均我從事獨賢詩小雅刺幽王役使不均故從事者怨恨稱己之勞以爲獨賢無讓心。言不讓也疏詩曰至讓也。正義曰詩小雅北山之篇刺幽王役使不均平被使之人自稱己之功勞我所以特從王事者在上獨以我爲賢自云己賢是不讓也。世之治也君子尚能而讓其下能者在下位則貴尚而讓之。治直吏反小人農力以事其上是以上下有禮而讒慝黜遠由不爭也謂之懿德及其亂也君子稱其功以加小人加陵也君子在位者。慝他得反遠于萬反又如字爭爭鬬之爭。小人伐其技以馮君子馮亦陵也自稱其能爲伐。技其綺反馮皮冰反是以上下無禮亂虐並生由爭善也爭自善也謂之昏德國家之敝恒必由之傳言晉之所以興

讓

選舉

（稼）（業）
（穡）（安）

死於此宮不能出矣○秦景公使士雃乞師于楚將以伐晉楚子許之子囊曰不可當今吾不能與晉爭晉君類能而使之隨所能○雃苦田反舉不失選得所選○選息戀反注同官不易方方猶宜也其卿讓於善讓勝己者其大夫不失守各任其職其士競於教奉上命其庶人力於農穡種曰農收曰穡【疏】注種曰農收曰穡○正義曰農是力田之名詩毛傳云種之曰稼斂之曰穡稼者言如稼女之有所生也穡愛也言愛惜而收斂之也此文穡無所對故以農為種名其實農是營田之名種曰稼也○商工皁隸不知遷業四民不雜【疏】注四民不雜○正義曰齊語四民者士農工商此傳言其士競於教是說士也庶人力於農穡是說農也士農已說唯有工商在耳故以皁隸賤官足成其句杜言四民不雜通上士庶為四非以皁隸工商為四也○韓厥老矣知罃稟焉以為政代將中軍范匄少於中行偃而上之使佐中軍使匄佐中軍偃將上軍○少詩照反下同中行戶郎反韓起少於欒黶而欒黶士魴上之使佐上軍黶魴讓起起佐上軍黶將下軍魴佐之○黶於斬反魏絳多功以趙武為賢而為之佐武新軍將將子匠反君明臣忠上讓下競尊官相讓勞職力競當是時也晉不可敵事之而後可君其圖之王曰吾既許之矣雖不及晉必將出師秋楚子師于武城以為秦援秦人侵晉晉饑弗能報也為十年晉伐秦傳○饑音飢又

中又分異其老而賜予以鎮撫之終始猶言常行也

安[illegible]官府[illegible]言士司[illegible]四農之鄉也[illegible]權[illegible]備其器械乃字誤亂注

非齊語作權節其用是也

襏襫音缽澤

對曰士農工商四民者國之石民也（四者國之本猶柱之石也故曰石也）不可使雜處雜處則其言哤其事亂（哤亂也）是故聖王之處士必於閒燕（處士閒燕則謀議審）處農必就田墅處工必就官府處商必就市井（立市必四方若造井之制故曰市井）今夫士羣萃而州處閒燕（每州之士羣萃共處閒燕謂學校之處）則父與父言義子與子言孝其事君者言敬長者言愛幼者言弟旦夕從事於此（旦昔猶朝夕也）以教其子弟少而習焉其心安焉不見異物而遷焉（異物謂異事非其所當習者）是故其父兄之教不肅而成其子弟之學不勞而能夫是故士之子常為士今夫農羣萃而州處審其四時權節（於四時中又權量其節之早晚）具備其械器用（械器皆為田器）比耒耜穀芟（比偶其耒耜及穀芟穀芟小於耒耜一人執之以隨耒耜之後重治其闕遺芟音撻）及寒擊槀除田以待時乃耕（冬寒之月即擊去其草之槀者修除其田以待春之耕也）深耕均種疾耰（耰謂覆種既已均種當疾耰之）先雨芸耨以待時雨時雨既至挾其槍刈耨鎛（在掖曰挾槍椿也刈鐮也耨鎡器也鎛鉏也）以旦暮從事於田墅稅衣就功（脫其常服以就功役便事而省費）別苗莠列疏遬（遬密也謂苗之疏密當均列之）首戴苧蒲（苧蒻也編苧與蒲以為笠）身服襏襫（襏襫謂麁

管子　卷八　四

掃葉山房石印

小匡

比計蔡語
論比協材

堅之衣可以任苦著者也沾體塗足，暴其髮膚，盡其四支之力，以疾從事於田野。少而習焉，其心安焉，不見異物而遷焉。是故其父兄之教，不肅而成；其子弟之學，不勞而能。是故農之子常為農，樸野而不慝（農人之子朴質而野不為姦慝），其秀才之能為士者，則足賴也（農人之子有秀異之才可為士者即所謂生而知之不習而成者也故其賢足可賴也）。故以耕則多粟，以仕則多賢，是以聖王敬畏戚農（以農民能致粟又秀材生焉故聖王敬畏農而戚近之）。今夫工羣萃而州處，相良材，審其四時，辨其功苦（功謂堅美苦謂濫惡），權節其用，論比計制，斷器尚完利（裁斷為器貴於完利），相語以事，相示以功，相陳以巧，相高以知事（以其能知器用之事相高），旦昔從事於此，以教其子弟。少而習焉，其心安焉，不見異物而遷焉。是故其父兄之教，不肅而成；其子弟之學，不勞而能。夫是故工之子常為工。今夫商羣聚而州處，觀凶飢，審國變，察其四時，而監其鄉之貨（監視也），以知其市之賈，負任擔荷，服牛輅馬，以周四方，料多少，計貴賤，以其所有易其所無，買賤鬻貴。是以羽毛不求而至，竹箭有餘於國，奇怪時來，珍異物聚。旦

按齊語作政不旅舊則民不偷旅舊弃故舊不用如旅也

昔從事於此以教其子弟相語以利相示以時相陳以知賈（賈知物價相與陳説）少而習焉其心安焉不見異物而遷焉是故其父兄之教不肅而成其子弟之學不勞而能夫是故商之子常為商相地而衰其政則民不移矣（相地沃堵以差其政則人安其沃堵而不移衰差也音楚危反）正旅舊則民不惰（國之軍旅正之以從舊貫則稟令而不惰）山澤各以其時至則民不苟（苟謂非時入山澤也）陵陸丘井田疇均則民不惑無奪民時則百姓富犧牲不勞則牛馬育（過用謂之勞）桓公又問曰寡人欲修政以干時於天下其可乎（干求也時時見曰會欲求天下諸侯修時見之會）管子對曰可公曰安始而可管子對曰始於愛民公曰愛民之道奈何管子對曰公修公族家修家族使相連以事相及以祿則民相親矣（相連以事則人慣押相見以祿則恩情生故有親也）放舊罪修舊宗立無後則民殖矣（放舊罪則全人命修舊宗則收散親立無後則繼絕世故人殖殖生也）省刑罰薄賦斂則民富矣鄉建賢士使教於國則民有禮矣出令不改則民正矣此愛民之道也

按處華句照上處不華下交謂以貴凌人使友居下也照友有

（儆此又其次也）勸國家得之成而悔從政雖治而不能野原又多發起訟驕行此三者為下令晏子進貴人之子（晏子平仲之先）出不仕（不仕則樂道深）處不華（不華則無過失）而友有少長（友有少長則遵禮經）為上舉（全此三者故為上）得二為次（得二三之二也）得一為下士處靖（靖卑敬貌）敬老與貴（敬老近於親敬貴近於君）交不失禮行此三者為上舉得二為次得一為下耕者農農用力（勤而不惰）應於父兄（孝且義）事賢多（擇善而從故能多）行此三者為上舉得二為次得一為下令高子進工賈應於父兄事長養老承事敬（承奉君敬而從之也）行此三者為上舉得二者為次得一者為下令國子以情斷獄（情是罪罰者貴得其罪）三大夫既已選舉使縣行之（三大夫謂鮑叔晏子高子）管仲進而舉言上而見之於君（見三大夫所選舉者此言選舉者國子主斷獄故不在三大夫之數）以卒年君舉（卒年謂終年如此管仲所進者君舉用之也）管仲告鮑叔曰勸國家不得成而悔從政不治不能野原又多而發（言相告發）訟驕（既訟而驕）凡三者有罪無赦告晏子曰貴人子處華下（處華屋之下則淫佚）交好飲食（重交好則挾朋黨蕃設食則道青導）行此三者有罪無赦士出入無常不敬老而營富行此三

一七

選舉

管子　卷五　三　埽葉山房石印

入朝廷觀左右本求朝之臣謂原本尋求朝之得失論上下之所貴賤者而彊弱之國可知也功多為上祿賞為下則積勞之臣不務盡力戰功曰多謂積勞之臣論其功多則居於衆上及行祿賞翻在衆下故不務盡力也治行為上爵列為下則豪桀材臣不務竭能便辟左右不論功能而有爵祿則百姓疾怨非上賤爵輕祿左右不論能而有爵祿則百姓非但疾怨又非上輕賤爵祿也金玉貨財商賈之人不論志行而有爵祿也不論志行使之在爵祿之位也則上令輕法制毀權重之人不論才能而得尊位則民倍本行而求外勢彼積勞之人不務盡力則兵士不戰矣豪傑材人不務竭能則內治不別矣百姓疾怨非上賤爵輕祿則上毋以勸衆矣上令輕法制毀則君毋以使臣臣毋以事君矣民倍本行而求外勢則國之情偽竭在敵國矣人既倍本求外則國之情偽盡在於敵矣竭盡也故曰入朝廷觀左右本求朝之臣論上下之所貴賤者而彊弱之國可知也

上節，論賢不肖舉材士不及行

管子八校

選舉

遠有色則四封之内視君其猶父母邪四方之外歸君其猶流水乎公輟射援綏而乘自御管仲爲左隰朋參乘朔月三日進二子於理官（里官謂里尉也齊國之法舉賢必自里尉始故令里官進二子將旌別而用之）再拜頓首曰孤之聞二子之言也耳加聰而視加明於孤不敢獨聽之薦之先祖（謂陳其所言以薦祖廟）管仲隰朋再拜頓首曰如君之王也（君能如此可以王也）此非臣之言也君之教也（此雖臣言必君用之然後成教故曰君之教）於是管仲與桓公盟誓爲令曰老弱勿刑參宥而後弊（老弱犯罪者無即刑之必三寬宥而後斷罪三宥即周禮三宥一曰不識二曰過誤三曰悼耄也）關幾而不正市正而不布（布謂錢也即其物而正之不必分錢）山林梁澤以時禁發而不正也（獺祭魚然後入澤梁豺祭獸然後入山林）草封澤鹽者之歸之也譬若市人（草封澤謂澤多草刈積成封可用煮鹽者也其處既多鹽故歸者譬若市人言不設禁也）三年教人四年選賢以爲長

管子戒篇

至

業　豎

古文六書帶淹

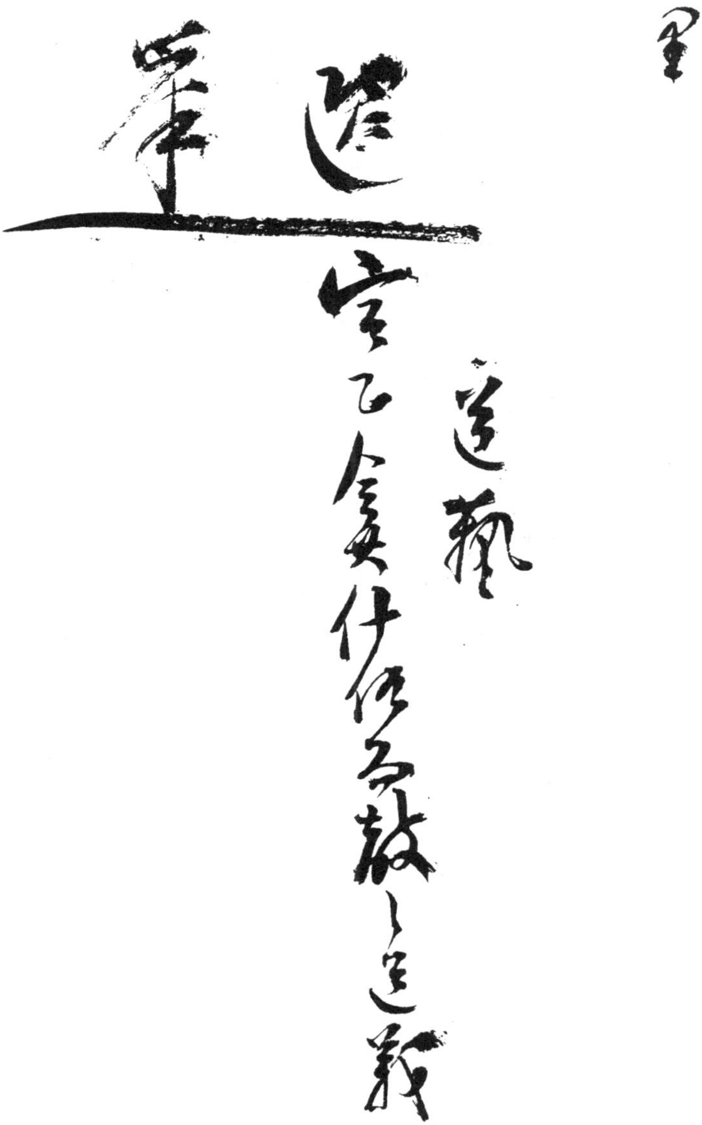

貢問曰鄉人皆好之何如子曰未可也鄉人皆惡之何如子曰未可也不如鄉人之善者好之其不善者惡之。孔曰善人善己惡人惡己是善善明惡惡著疏子貢至惡之○正義曰此章別好惡子貢問曰鄉人皆好之何如者言有一人爲一鄉之所愛好此人何如可謂善人乎子曰未可也者言未可謂善或一鄉皆惡此人與之同黨故爲衆所稱是以未可鄉人皆惡之何如者此子貢又問夫子旣鄉人皆好未可爲善若鄉人衆共憎惡此人何如可謂善人乎子曰未可也者言亦未可爲善或一鄉皆善此人獨惡故爲衆所疾是以未可不如鄉人之善者好之其不善者惡之者孔子旣皆不可其問自爲說其善人也言鄉之善人善之惡人惡之與善人也○注孔曰至惡著○正義曰言鄉人皆好之是善善不明鄉人皆惡之是惡惡不著若鄉人之善者善之惡者惡之則

重

左右皆男之

之政焉對曰吾得見與否在此歲也駟良方爭未知所成若有所成吾得見乃可知也叔向曰不既和矣乎對曰伯有侈而愎子晳好在人上莫能相下也雖其和也猶相積惡也惡至無日矣○三月癸未晉悼夫人食輿人之城杞者絳縣人或年長矣無子而往與於食有與疑年使之年曰臣小人也不知紀年臣生之歲正月甲子朔四百有四十五甲子矣其季於今三之一也吏走問諸朝師曠曰魯叔仲惠伯會郤成子于承匡之歲也是歲也狄伐魯叔孫莊叔於是乎敗狄于鹹獲長狄僑如及虺也豹也而皆以名其子七十三年矣史趙曰亥有二首六身下二如身是其日數也士文伯曰然則二萬二千六百有六旬也趙孟問其縣大夫則其屬也召之而謝過焉曰武不才任君之大事以晉國之多虞不能由吾子使吾子辱在泥塗久矣武之罪也敢謝不才遂仕之使助爲政辭以老與之田使爲君復陶以爲絳縣師而廢其輿尉於是魯使者在晉歸以語諸大夫季武子曰晉未可媮也有趙孟以爲大夫有伯瑕以爲佐有史趙師曠而咨度焉有叔向女齊以師保其君其朝多君子其庸可媮乎勉事之而後可○夏四月己亥鄭伯及其大夫盟君子是以知鄭難之不已也

選舉

行當本于鄉里

○秋鄭瞻自齊逃來何以書書甚佞也曰佞人來矣

佞人來矣重言來者遂經主書者若傳云爾蓋痛魯知而受之信其計策以取齊淫女丹楹刻桷卒爲後敗也加逃者抑之也所以抑之者上執稱人嫌惡未明繫鄭者明行當本於鄉里也子貢問曰鄉人皆好之何如子曰未可鄉人皆惡之何如子曰未可不若鄉人之善者善之鄉人之惡者惡之○重直用反明行下孟反

疏注重言至云爾○解云經所以主書此事者正惡佞人之來恐其作禍矣○注蓋痛魯知而受之○解云春秋痛傷魯人知其佞人惡而受之○注信其計至淫女○解云即下二十四年夏公如齊逆女秋夫人姜氏入是也知取齊淫女是鄭瞻之計者春秋說文云○注丹楹刻桷○即下二十三年秋丹桓宮楹二十四年春刻桓宮桷是也○注卒爲後敗也解云即淫二叔殺二嗣子是也○注加逃者抑之也○解云謂逃是猝事不應見經而見逃于經者抑之故也或者子哀慶封之屬皆言奔今此加逃故決之○注上執至未明○解云謂稱人爲坐執文非伯討之義故也○注子貢至惡之○解云一鄉之人皆好此人此人何如子曰未可即以爲善何者此人或者行與衆同或朋黨矣子貢又曰若一鄉之人皆惡此人此人何如子曰未可即以爲惡也何者此人或者行與衆異或孤特矣不若鄉人之善行者善之惡行者惡之與善人同復與惡人異道理勝於前故知是實善云云之說備于鄭注

冬多麋何以書記異也麋之爲言猶迷也象魯爲鄭瞻所迷惑也言多者以多爲異也○麋亡悲反

疏注象魯至惑也○解云感精符文○

莊十七

選舉

四年迎婦於晉晉太子申生姊也其歲齊桓公伐楚至邵陵五年晉獻公滅虞虢虜虞君與其大夫百里傒以璧馬賂於虞故也既虜百里傒以爲秦繆公夫人媵於秦百里傒亡秦走宛（集解）駰案地理志南陽有宛縣（正義）宛於元反今鄧州縣楚鄙人執之繆公聞百里傒賢欲重贖之恐楚人不與乃使人謂楚曰吾媵臣百里傒在焉請以五羖羊皮贖之楚人遂許與之當是時百里傒年已七十餘繆公釋其囚與語國事謝曰臣亡國之臣何足問繆公曰虞君不用子故亡非子罪也固問語三日繆公大說授之國政號曰五羖大夫百里傒讓曰臣不及臣友蹇叔蹇叔賢而世莫知臣常游困於齊而乞食銍人（集解）徐廣曰銍一作銍（正義）銍音珍栗反銍地名在沛縣蹇叔收臣臣因而欲事齊君無知蹇叔止臣臣得脫齊難遂之周周王子頹好牛臣以養牛干之及頹欲用臣蹇叔止臣臣去得不誅事虞君蹇叔止臣臣知虞君不用臣臣誠私利祿爵且留再用其言得脫一不用及虞君難是以知其賢於是穆公使人厚幣迎蹇叔以爲上大夫秋繆公自將伐晉戰於河曲（集解）徐廣曰一作西駰案公羊傳曰

選舉

曰殺忠臣棄君命罪一也遂觸樹而死【集解】杜預曰趙盾庭樹也初盾常田首山【集解】徐廣曰蒲坂縣有雷首山見桑下有餓人餓人示眯明也【索隱】鄒誕生音示眯爲祁彌即左傳之提彌明也提音市移反劉氏亦音祁爲時移反則祁提二字同音也而凡史記作示者示即周禮古本地神曰祇皆作示字鄒爲祁者蓋由祁提音相近字遂變爲祁也眯音米移反以眯爲彌亦音相近耳又據左氏宣公二年桑下餓人是靈輒也其示眯明是嗾獒者也眯明鬬而死今合二人爲一人殆非也盾與之食食其半問其故曰宦三年【集解】服虔曰宦官學士也未知母之存不願遺母盾義之益與之飯肉已而爲晉宰夫趙盾弗復知也九月晉靈公飲趙盾酒伏甲將攻盾公宰示眯明知之恐盾醉不能起而進曰君賜臣觴三行【索隱】如字可以罷欲以去趙盾令先毋及難盾既去靈公伏士未會先縱齧狗名敖【集解】何休曰犬四尺曰敖【索隱】縱足用反又作嗾又作就同素后反明爲盾搏殺狗盾曰棄人用狗雖猛何爲然不知明之爲陰德也已而靈公縱伏士出逐趙盾示眯明反擊靈公之伏士伏士不能進而竟脫盾盾問其故曰我桑下餓人問其名弗告【集解】服虔曰不望報明亦因亡去盾遂奔未出

晉世家

附

述　崔

殷紂墨墨以亡【正義】以殷紂比商君君若不非武王乎則僕請終日正言而無誅可乎商君曰語有之矣貌言華也至言實也苦言藥也甘言疾也夫子果肯終日正言鞅之藥也鞅將事子子又何辭焉趙良曰夫五羖大夫荆之鄙人也【正義】百里奚南陽宛人屬楚故云荆聞秦繆公之賢而願望見行而無資自粥於秦客被褐食牛期年繆公知之舉之牛口之下而加之百姓之上秦國莫敢望焉

乾隆四年校刊　史記卷六十八商君列傳　十六

附

選舉

貴人

管樞密內人月廿七為功曹于閏也察之孫之閏之之人

目十之當也內人比也九功曹于閏也府子為之

早十內人月廿七大郎也年豫曹于閏之之人之孫如茂為

閏之鞠

滌

選舉

計敵與量上意察國本觀民產之所有餘不足而存亡之國可知也敵國强而與國弱諫臣死而諛臣尊私情行而公法毀然則與國不恃其親（謂黨與之國不恃己以為親也）而敵國不畏其强（寇敵之國不畏己以為强也）豪傑不安其位而積勞之人不懷其祿悅商販而不務本貨則民偷處而不事積聚豪傑不安其位則良臣出積勞之人不懷其祿則兵士不用民偷處而不事積聚則囷倉空虛如是而君不為變（不改常而更化）然則攘奪竊盜殘賊進取之人起矣內者廷無良臣（豪傑不安其位）兵士不用（積勞之人不懷其祿故也）囷倉空虛（民偷處而不事積聚故也）而外有强敵之憂則國居而自毀矣（居然自致滅毀）故曰計敵與量上意察國本觀民產之所有餘不足而存亡之國可知也故以此八者觀人主之國而人主毋所匿其情矣

管子八觀

選舉

爵人不論能，祿人不論功，則士無為行制死節。爵不論能故不為行制，祿不論功故不為死節也。而羣臣必通外請謁，取權道，行事便辟，以貴富謟事便辟以得貴富為榮華以相稱也，謂之逆。不義富貴志士所以恥反以為榮華而相驕故以為逆朝有經臣，國有經俗，民有經產。經常也何謂朝之經臣？察身能而受官，不誣於上；無能受官謂之誣上謹於法令以治，不阿黨；撓法從私謂之阿黨竭能盡力而不尚得；不貴苟得犯難離患而不辭死；致身授命受祿不過其功，不以少求多也服位不侈其能，不以小居大也不以毋實虛受者，有功勞而後受祿朝之經臣也。

選舉

出○從而移之○利而不化者則由所出不變故也觀而移變之視其不可使○因以為民等○等謂率而齊之不可使謂其人非有文武之材又不任作役若此者使之率與利之人而齊之也擇其好名○因使長民○其有好虛譽之名者則擇之使為與利者之長好而不已○是以為國紀○好名不已財乃彌積故為國紀功未成者○不可以獨名○積財之功未成則無獨與之名事未道者○不可以言名○成功然後可以獨名○衆共言此人有名事道然後可以言名○然後可以承致酢○既有獨名又有言名然後可以至於承君之酢報也先其士者之為自犯○人有士行當推以為先今反自先之是為自犯其過也後其名者之為自贍○人能興利亦當先之充國今乃後之是自為其其贍不憂國也輕國位者國必敗○輕國位則有散居之心故國敗也疏貴戚者謀將泄○疏貴戚則有外顧之意故謀泄毋仕異國之人○是為失經○異國之人所謂非我族類者也今而仕之其心異此謂失國之經也毋數變易○是為敗成○數變易則事繁而無功故曰敗成大臣得罪○勿出封外○

若子 修靡 下矣疏 厲為以 鄧介以 人各禮 此

命而已然則堯舜禹湯爲盛德之至亦不是過也孟子曰說大人則藐之勿視其巍巍然大人謂當時之尊貴者也孟子言說大人之法心當有以輕藐之勿敢視之巍巍富貴若此而不畏之則心舒意展言語得盡而已堂高數仞榱題數尺我得志弗爲也仞八尺也榱題屋霤也堂高數仞榱題數尺奢太之室使我得志不居此堂也大屋無尺丈之限故言數仞也食前方丈侍妾數百人我得志弗爲也極五味之饌食列於前方一丈侍妾衆多至數百人也般樂飲酒驅騁田獵後車千乘我得志弗爲也般大也大作樂而飲酒驅騁田獵後車千乘般于遊田也在彼者皆我所不爲也在我者皆古之制也吾何畏彼哉在彼貴者驕佚之事我所恥爲也在我所行皆古聖人所制之法謂恭儉也我心何爲當畏彼人乎哉

【疏】孟子至彼哉○正義曰此章言富貴而驕自遺咎茅茨采椽聖堯表也以賤說貴懼有蕩心心謂彼陋以寧我神故以所不爲爲之寶玩者也孟子曰說大人則藐之至吾何畏彼哉者孟子言說當時之尊貴爲之大人者當輕藐之勿視其巍巍然尊貴而畏之也以其如是則心意舒展得盡其言也又言堂高數仞仞八尺也至霤高數尺是爲奢汰之室也如我之得志於行道不爲此室也食之前有方丈之廣以極五味之饌而列之又有所侍之妾至數百人之衆如我得志於行道亦不爲之也大作樂而飲酒驅騁田獵有後車千乘之多如我得志於行道亦不爲之也以其在彼驕貴之

附

隆峰

夫子至于是邦也必聞其政

論語學而第一子禽問于子貢

極言其才美而云周公恐與彼相嫌故注者明之**子曰三年學不至於穀不易得也**孔曰穀善也言人三歲學不至於善不可得言必無也所以勸人學**疏**子曰三年學不至於穀不易得也○正義曰此章勸學也穀善也言人勸學三歲必至於善若三歲學不至於善不可得言必無也所以勸人學也**子曰篤信好學守死善道危邦不入亂邦不居天下有道則見無道則隱**包曰言行當常然危邦不入始欲往亂邦不居今欲去亂謂臣弒君子弒父危者將亂之兆**邦有道貧且賤焉恥也邦無道富且貴焉恥也疏**子曰至恥也○正義曰此章勸人守道也子曰篤信好學者言厚於誠信而好學問也守死善道者守節至死不離善道也危邦不入亂邦不居者亂謂臣弒君子弒父危者將亂之兆也不入謂始欲往見其亂兆不復入也不居謂今欲見其已亂則遂去之也天下有道則見無道則隱者言值明君則當出仕遇闇主則當隱遯邦有道貧且賤焉恥也者恥其不得明君之祿也邦無道富且貴焉恥也者恥食汙君之祿以致富貴也言人之爲行當常如此**子曰不在其位不謀其政**孔曰欲各專一於其職**疏**子曰不在其位不謀其政○正義曰此章戒人侵官也言不在此位則不得謀此位之政欲使各專一守

行之孫以出之信以成之君子哉。正義曰此章論君子之行也義以爲質謂操執以行者當以義爲體質文之以禮然後行之孫順其言語以出之守信以成之能此四者可謂君子哉子曰君子病無能焉

不病人之不已知也包曰君子之人但病無聖人之道不病人之不已知疏子曰君子病無能焉不病人之不已知也。正義曰此章戒人脩己也病猶患也言君子之人但患己無聖人之道不患人之

不知己也子曰君子疾沒世而名不稱焉疾猶病也疏子曰君子疾沒世而名不稱焉。正義曰此章勸人脩德也疾猶病也言君子病其終世而善名不稱也子曰君

子求諸己小人求諸人君子責己小人責人疏子曰君子求諸己小人求諸人。正義曰此章言君子責於己小人責於人也求責也諸於也子曰君子矜而不爭

包曰矜矜莊也羣而不黨孔曰黨助也君子雖衆不相私助義之與比疏子曰君子矜而不爭羣而不黨。正義曰此章言君子貌雖矜莊而不爭鬭君子雖衆而不私相黨助義之與比也子曰君

子不以言舉人包曰有言者不必有德故不可以言舉人不以人廢言王曰不可以無德而廢善言疏子曰君子不以言舉人不以人廢言。正義曰此章言君子用人取其善節也

有言者不必有德故不可以言舉人當察言觀行然後舉之夫婦之愚可以與知故不可以無德而廢善言也

楚公子圍使公子黑肱伯州犁城犨櫟郟鄭人懼子產曰不害令尹將行大事而先除二子也禍不及鄭何患焉冬楚公子圍將聘于鄭伍舉爲介未出竟聞王有疾而還伍舉遂聘十一月己酉公子圍至入問王疾縊而弑之遂殺其二子幕及平夏右尹子干出奔晉宮廏尹子晳出奔鄭殺大宰伯州犁于郟葬王于郟謂之郟敖使赴于鄭伍舉問應爲後之辭焉對曰寡大夫圍伍舉更之曰共王之子圍爲長子干奔晉從車五乘叔向使與秦公子同食皆百人之餼趙文子曰秦公子富叔向曰底祿以德德鈞以年年同以尊公子以國不聞以富且夫以千乘去其國彊禦已甚詩曰不侮鰥寡不畏彊禦秦楚匹也使后子與子干齒辭曰鍼懼選楚公子不獲是以皆來亦唯命且臣與羇齒無乃不可乎史佚有言曰非羇何忌楚靈王即

補

選舉

曰民知禮矣而未

知務然後布法以任力任力有五務五務者何曰君擇臣而任官大夫任官辯事

辯明也能明所任之事也官長任事守職士修身功材材謂藝能士既修身必於藝能有功也庶人耕農樹藝君

擇臣而任官則士不煩亂大夫任官辯事則舉措時官長任事守職則動作和士

修身功材則賢良發庶人耕農樹藝則財用足故曰凡此五者力之務也夫民必

知務然後心一心一然後意專心一而意專然後功足觀也故曰力不可不務也

曰民知務矣而未知權然後考三度以動之所謂三度者何曰上度之天祥下度

之地宜中度之人順此所謂三度故曰天時不祥則有水旱地道不宜則有饑饉

人道不順則有禍亂此三者之來也政召之曰審時以舉事時則天祥地宜人順之時也得其時則事

管子 卷三 十 埽葉山房石印

管子五補

可成以事動民事成則民可動以民動國民昌則國可動以國動天下國强則天下可動也天下動然後功名可成也故民必知權然後舉錯得權謂能知三度舉錯得則民和輯民和輯則功名立矣故曰權不可不度也故曰五經既布然後逐姦民詰詐偽屏讒慝而毋聽淫辭毋作淫巧若民有淫行邪性樹為淫辭作為淫巧以上諂君上而下惑百姓移國動衆以害民務者其刑死流大罪死小罪流故曰凡人君之所以內失百姓外失諸侯兵挫而地削民卑而國虧社稷滅覆身體危殆非生於諂淫者未之嘗聞也何以知其然也曰淫聲諂耳淫觀諂目耳目之所好諂心心之所好傷民民傷而身不危者未之嘗聞也曰實壙虛墾田疇修牆屋則國家富節飲食撙衣服則財用足舉賢良務功勞布德惠則賢人進逐姦人詰詐偽去讒慝則姦人止修饑饉救災害振

墨子

則難矣然而未仁也子墨子使勝綽事項子牛勝綽墨子弟子項子牛三侵魯地項子牛齊人見前三侵魯不知在何年以史記六國年表及田齊世家攷之魯元公十九年齊伐魯葛及安陵二十年取魯一城穆公二年齊伐魯取郕十六年伐魯取最或即三侵之事與而勝綽三從子墨子聞之使高孫子請而退之高孫子亦墨子弟子曰我使綽也將以濟驕而正嬖也畢云濟止也嬖同僻今綽也祿厚而譎夫子夫子三侵魯而綽三從是鼓鞭於馬靳也畢云說文云靳當膺也从革斤聲一本改作勒非言馬欲行而鞭其前所以自困猶使人仕而反來侵我也翟聞之言義而弗行是犯明也綽非弗之知也祿勝義也

選舉

士才能進取
居以考功授官

公曆一十五屆

隨筆

石經札記畢

其它四以于閒居後

選舉

嚴隱九　子思子子張事

隱不當爵大夫

筆選

好文天

快仁 [illegible]

[illegible]須者佑仁者

選舉

春秋時廣選舉之仕

公隱元祭伯來奔注

選舉

周公謂魯公孔曰魯公周公之子伯禽封於魯曰君子不施其親孔曰施易也不以他人之親易己之親不使大臣怨乎不以孔曰以用也怨不見聽用故舊無大故則不棄也無求備於一人孔曰大故謂惡逆之事

疏周公至故舊無大故則不棄也無求備於一人○正義曰此一章記周公戒魯公之語也周公謂魯公者魯公周公之子伯禽封於魯將之國周公戒之也曰君子不施其親者施易也言君子爲國不以他人之親易己之親當行博愛廣敬也不使大臣怨乎不以者以用也旣仕爲大臣則當聽用之不得令大臣怨不見聽用故舊無大故則不棄者大故謂惡逆之事也故舊朋友無此惡逆之事則不有遺棄也無求備於一人者求責也任人當隨其才無得責備於一人也

微子

選舉

子夏曰仕而優則學馬曰行有餘力則以學文學而優則仕疏子夏曰仕而優則學學而優則仕○正義曰此章勸學也言人之仕官行己職而優閒有餘力則以學先王之遺文也若學而德業優長者則當仕進以行君臣之義也子游曰喪致乎哀而止孔曰毁不滅性疏子游曰喪致乎哀而止○正義曰此章言居喪之禮也言人有父母之喪當致極哀慼不得過

子張

選舉

者言君子忿則思難若人有犯已一朝忿之不思其難則忘身也辱其身則羞其親故曰以及其親也非惑與言是惑也注壇墠。正義曰封土爲壇除地爲墠言雩壇在所除地中故連言壇墠樊遲問仁子曰愛人問知子曰知人樊遲未達子曰舉直錯諸枉能使枉者直包曰舉正直之人用之廢置邪枉之人則皆化爲直樊遲退見子夏曰鄉也吾見於夫子而問知子曰舉直錯諸枉能使枉者直何謂也子夏曰富哉言乎孔曰富盛也舜有天下選於衆舉皋陶不仁者遠矣湯有天下選於衆舉伊尹不仁者遠矣孔曰言舜湯有天下選擇於衆舉皋陶伊尹則不仁者遠矣仁者至矣疏樊遲至遠矣。正義曰此章明仁知也樊遲問仁子曰愛人者言汎愛濟衆是仁道也問知子曰知人者言知人賢才而舉之是知也樊遲未達子曰舉直錯諸枉能使枉者直者樊遲未曉達知人之意故孔子復解之言舉正直之人而用之廢置邪枉之人則皆化爲直故曰能使枉者直也樊遲退見子夏曰鄉也吾見於夫子而問知子曰舉直錯諸枉能使枉者直何謂也者樊遲雖問舉直錯枉之語猶自未喻故復問子夏也子夏曰富哉言乎者子夏聞言即解故歎美之曰富盛哉此言乎舜有天下選於衆舉皋陶不仁者遠矣湯有天下選於衆舉伊尹不仁者遠矣者此子夏爲樊遲說舉直錯枉之事也言舜湯有天下選擇於衆舉用皋陶伊尹則不仁者遠矣仁者至矣長。其能使邪枉者亦化爲直也

選舉

牢曰子云吾不試故藝鄭曰牢弟子子牢也試用也言孔子自云我不見用故多技藝疏牢曰子云吾不試故藝○正義曰此章論孔子多技藝之由但與前章異時而語故分之牢弟子琴牢也試用也言孔子自云我不見用於時故多能技藝○注牢弟子子牢也○正義曰家語弟子篇云琴牢衛人也字子開一字張此云弟子子牢當是耳

子牢

子謂仲弓曰犂牛之子騂且角雖欲勿用山川其舍諸犂雜文騂赤也角者角周正中犧牲雖欲以其所生犂而不用山川寧肯舍之乎言父雖不善不害於子之美疏子謂至舍諸○正義曰此章復評冉雍之德也子謂仲弓曰犂牛之子騂且角雖欲勿用山川其舍諸者雜文曰犂騂純赤色也角者角周正也舍棄也諸之也仲弓父賤人而行不善故孔子稱謂仲弓曰譬若雜文之犂牛生純赤且角周正之子中祭祀之犧牲雖欲以其所生犂而不用山川寧肯舍棄之乎言仲弓父雖不善不害於子之美也子曰回也其心三月不違仁其餘則日月至焉而已矣餘人暫有至仁時唯回移時而不變疏子曰回也其心三月不違仁其餘則日月至焉而已矣○正義曰此章稱顏回之仁三月為一時天氣一變人心行善亦多隨時移變唯回也其心雖經一時復一時而不變移違去仁道也其餘則暫有至仁時或一日或一月而已矣季康子問仲由可使從政也與子曰由也果包曰果謂果敢決斷於從政乎何有曰賜也可使從政也與曰賜也達孔曰達謂通於物理於從政乎何有曰求也可使從政也與曰求也藝孔曰藝謂多才藝於從政乎何有疏季康至何有○正義曰此章明子路子貢冉有之才也季康子問仲由可使從政也歟者康子魯卿季孫肥也問於孔子曰仲由之才可使從一官而為政治也歟子曰由也果於從政乎何有者果謂果敢決斷何有言不難也孔子言仲由之才果敢決斷其於從政何有難乎言仲由可使從政也曰賜也可使從政也歟者季康子又問子貢也曰賜也達於從政乎何有者達謂通於物理孔子荅言子貢之才通達物理亦言可從政也曰求也可使從政也歟者康子又問冉有也曰求也藝於從政乎何有者藝謂多才藝孔子荅言冉求多才藝亦可從政也

選舉

正義曰史記弟子傳云顓孫師陳人字子張少孔子四十八歲

哀公問曰何為則民服包曰哀公魯君謚孔子對曰舉直錯諸枉則民服包曰錯置也舉正直之人用之廢置邪枉之人則民服其上舉枉錯諸直則民不服【疏】哀公至不服。正義曰此章言治國使民服之法哀公問曰何為則民服者哀公魯君也問於孔子曰何所云為則萬民服從也時哀公失德民不服從哀公患之故有此問孔子對曰舉直錯諸枉則民服者此孔子對以民服之法也錯置也舉正直之人用之廢置諸邪枉之人則民服其上也舉枉錯諸直則民不服者舉邪枉之人用之廢置諸正直之人則民不服上也於時羣邪秉政民心厭棄故以此對之也。注包曰哀公魯君謚。正義曰魯世家云哀公名蔣定公之子周敬王二十六年即位謚法云恭仁短折曰哀

季康子問使民敬忠以勸如之何孔曰魯卿季孫肥康謚子曰臨之以莊則敬包曰莊嚴也君臨民以嚴則民敬其上孝慈則忠包曰君能上孝於親下慈於民則民忠矣舉善而教不能則勸包曰舉用善人而教不能者則民勸勉【疏】季康至則勸。正義曰此章明使民敬忠勸善之法季康子問使民敬忠以勸如之何者季康子魯執政之上卿也時以僭濫故民不敬忠勸勉故問於孔子曰欲使民人敬上盡忠勸勉為善其法如之何子曰臨之以莊則敬者此答之也自上涖下曰臨莊嚴也言君臨民以嚴則民敬其上孝慈則忠者言君能上孝於親下慈於民則民作忠舉善而教不能則勸者言君能舉用善人置之祿位教誨不能之人使之材能如此則民相勸勉為善也於時魯君蠶食深宮季氏專執國政則如君矣故此答皆以人君之事言之也。注魯卿季孫肥康謚。正義曰知者據左傳及世家文也謚法云安樂撫民曰康

或謂孔

為政

選學

舜明於庶物察於人倫由仁義行非行仁義也倫序察識也舜明庶物之情識人事之序仁義生於內由其中而行非強力行仁義也故道性善言必稱於堯舜但君子存之庶民去之而不由爾疏孟子曰至行仁義也○正義曰此章言禽獸俱含天氣衆人皆然聖人超絕識仁義之主於己者也孟子曰人之所以異於禽獸者幾希至非行仁義也者孟子言世之人所以有別異於禽獸畜者無幾也以其皆含天地之氣而生耳皆能辟去其害而就其利矣但小人去其異於禽獸之心所以爲小人也君子知存其異於禽獸之心所以爲君子也所謂異於禽獸之心者即仁義是也禽獸俱不知仁義所以爲禽獸今夫舜之爲帝在深山之中與木石居與鹿豕遊雖與禽獸雜居其間然能聞一善言見一善行莫不從之若決江河也而無滯之耳如此是舜能明於庶物之無知而存乎異於禽獸之心詳察人倫之類而由仁義之道而行之矣然舜既由其仁義而行之非所謂行仁義而得之人也是由仁義而行以

得之天性也孟子以此言之其有以異於禽獸者皆舜之徒也曰舜亦人也我亦人也有爲者亦若是但當存其異於禽獸之心耳如楊雄由於禮義入自仁門由於情慾入自禽門斯其旨歟孟子曰禹惡旨酒而好善言旨酒美酒也儀狄作酒禹飲而甘之遂疏儀狄而絶旨酒書曰禹拜昌言湯執中立賢無方執中正之道惟賢速立之不問其從何方來舉伊尹以爲相也文王視民如傷望道而未之見視民如傷者雍容不動擾也望道而未至殷錄未盡尚有賢臣道未得至故望而不致誅於紂也武王不泄邇不忘遠泄狎邇近也不泄狎近賢不遺忘遠善近謂朝臣遠謂諸侯也周公思兼三王以施四事其有不合者仰而思之夜以繼日幸而得之坐以待旦三王三代之王也四事禹湯文武所行之事也不合已行有不合世仰而思之參諸天也坐以待旦言欲急施之也疏孟子曰至坐以待旦○正義曰此章言周公能思三王之道以輔成王也孟子曰禹惡旨酒而好善

選舉

孟子曰君子之戹於陳蔡之間無上下之交也君子孔子也論語曰君子之道三我無能焉孔子乃尚謙不敢當君子之道故可謂孔子爲君子也孔子所以戹於陳蔡之間者其國君臣皆惡上下無所交接故戹也疏正義曰此章言孔子見戹謂君子固窮窮不變道上下無交無賢援也孟子言孔子見戹於陳蔡二國之間幾不免死以無上下之交而已以其上無所事雖死不爲諂下無所可與雖死不爲瀆是爲無交接也論語衞靈公之篇云孔子在陳絶糧從者病莫能興子路慍見曰君子亦有窮乎子曰君子固窮小人窮斯濫矣豈非窮不變道者能如是乎○注君子道者三我無能焉所謂乎仁者不憂智者不惑勇者不懼是三者也貉稽曰稽大不理於口貉姓稽名仕者也爲衆口所訕理賴也謂孟子曰稽大不賴人之口如之何也○孟子曰無傷也士憎茲多口審己之德口無傷也離於凡人而仕者亦益多口詩云憂心悄悄慍于羣小孔子也肆不殄厥慍亦不殞厥問文王也詩邶風柏舟之篇曰憂心悄悄憂在心也慍于羣小怨小人聚而非議賢者也孔子論此詩孔子亦有武叔之口故曰孔子之所苦也大雅緜之篇曰肆不殄厥慍殄絶慍怒也亦不殞厥問殞失也言文王不殄絶畎夷之慍怒亦不能殞失文王之善聲問也疏貉稽至文王也○正義曰此章言正己信心不意衆口衆口諠譁大聖所有況

惡乎執歟以其誠也者擇善而固執之者也故論語云自古皆有死民無信不立是重信之至也 魯欲使樂正子爲政 樂正子克也魯君使之執政於國 孟子曰吾聞之喜而不寐 喜其人道德得行爲之喜而不寐 公孫丑曰樂正子強乎曰否有知慮乎曰否多聞識乎曰否 丑問樂正子有此三問之所能乎孟子皆曰否不能有此也 然則奚爲喜而不寐 丑問無此三者何爲喜而不寐 曰其爲人也好善 孟子言樂正子之爲人也能好善故爲之喜 好善足乎 丑問以但好善足以治國乎 曰好善優於天下而況魯國乎夫苟好善則四海之內皆將輕千里而來告之以善夫苟不好善則人將曰訑訑予既已知之矣訑訑之聲音顏色距人於千里之外 孟子曰好善樂聞善言是采用之也以此治天下可以優之舜是也何況於魯不能治乎人誠好善四海之內皆輕行千里以善來告之誠不好善則其人將曰訑訑賤他人之言訑訑者自足其智不嗜善言之貌訑訑之人發聲音見顏色人皆知其不欲受善言也道術之士聞之止於千里之外而不來也 士止於千里之外則讒諂面諛之人至矣與讒諂面諛之人居國欲治可得乎 懷善之士止於千里之外不肯就之則邪惡順意之人至矣與邪惡居欲使國治豈可得乎

疏 魯欲至得乎。正義曰此章言好善從人聖人一槩禹聞讜言答之以拜訑訑距之善人

選舉

罷講

庚戌十二月罷講修此

子文無以勸善

其

宣の

孫箴尹克黃（箴尹官名克黃子揚之子○箴之金反）使於齊還及宋聞亂其人曰不可以入矣箴尹曰弃君之命獨誰受之君天也天可逃乎遂歸復命而自拘於司敗王思子文之治楚國也曰子文無後何以勸善使復其所改命曰生（易其名也○使於所吏反拘音俱）疏（注易其名○正義曰言越椒之亂合誅絕其族今更存立故命曰生言應死而重生）○冬

楚子伐鄭鄭未服也（前年楚侵鄭不獲成故曰未服）

[illegible]華

選舉

季勞即季友

國語作弭渠弭、稗海之名、言齊

公曰甲兵大足矣吾欲從事於諸侯可乎管仲對曰未可治內者未具也為外者未備也故使鮑叔牙為大諫（所以諫正君）王子城父為將弦子旗為理（理獄官）甯戚為田（教以農事自此已上理內已下理外）隰朋為行（行謂行人也所以通使諸侯）曹孫宿處楚商容處宋季勞處魯徐開封處衛匽尚處燕審友處晉（令此諸賢各處諸侯之國者所以諷動之令歸齊也）又游士八千人奉之

桓

埽葉山房石印

以車馬衣裘多其資糧財幣足之使出周游於四方以號召收求天下之賢士飾玩好使出周游於四方鬻之諸侯以觀其上下之所貴好擇其沈亂者而先政之（以政兵也）公曰外內定矣可乎管子對曰未可鄰國未吾親也公曰親之奈何管子對曰審吾疆場反其侵地正其封界毋受其貨財而美為皮幣以極聘頫於諸侯（頫見也）以安四鄰則鄰國親我矣桓公曰甲兵大足矣吾欲南伐何主（謂以何國為征伐之主也）管子對曰以魯為主反其侵地常潛（常潛地名）使海於有蔽（或遏水災教令泄於海使有蔽盡也）渠弭於河陼（後教）

管子小匡

大諫之官。此五子者，夷吾一不如（於五子各不如其一），然而以易夷吾，夷吾不爲也（以五子之能易夷吾之德，則夷吾所不能）。君若欲治國彊兵，則五子者存矣；若欲霸王，夷吾在此。桓公曰：善。

既已（謂已行上事），管仲又請曰：問病臣（臣有病者，君當慰問之），願賞而無罰，五年，諸侯可令傳（行此五年，可令諸侯親附）。公曰：諾。既行之。管仲又請曰：諸侯之禮（請諸侯交聘之禮），令齊以豹皮往小侯，以鹿皮報；齊以馬往，小侯以犬報（往重報輕，所謂大國善下小國，則取小國）。桓公許諾，行之。管仲又請賞於國以及諸侯君。曰：諾。行之。管仲賞於國中，君賞於諸侯，諸侯之君有行事善者，以重幣賀之；從列士以下有善者，衣裳賀之（列士謂齊之列士，管仲自以衣裳賀之）。凡諸侯之臣有諫其君而善者，以璽問之，以信其言（謂桓公以璽問之，以信驗其所諫之言爲善）。公既行之。又問管仲曰：何行？管仲曰：隰朋聰明捷給，可令爲東國（東國謂自齊東之國，令隰朋理之）。賓胥無堅强以良，可以爲西土（西土，齊西之土，令胥無之國與士交兵）。衞國之教，危傳以利（謂其教既高危，且相傳以利，謂以利成俗）。公

管子　卷七　六

掃葉山房石印

管子大匡

按小匡作公十擧博閒而知禮糧字疑禮字誤也

按蒙孫小匡作曹孫宿

子開方之為人也。慧以給。不能久而樂始。可游於衛。其人性輕率不能持久所謂靡不有初鮮克有終故曰樂始使此人游於衛誘動之令歸於齊也魯邑之教好邇。而訓於禮。既訓學於禮禮者所以飾貌故曰好邇邇近也季友之為人也。恭以精博於糧。多小信。可游於魯。博於糧謂多委積楚國之教。巧文以利。不好立大義而好立小信。蒙孫博於教而文巧於辭。不好立大義而好結小信。可游於楚。小侯既服。大侯既附。厚往輕報所以服小侯游三人於三國所以附大侯夫如是則始可以施政矣。君曰諾。乃游公子開方於衛。游季友於魯。游蒙孫於楚。五年諸侯附。

問於

○子張問士何如斯可謂之達矣。
子曰何哉爾所謂達者。
子張對曰在邦必聞在家必聞。
子曰是聞也非達也。
夫達也者質直而好義察言而觀色慮以下人在邦必
達在家必達。夫音扶下同好下皆去聲
夫聞也者色取仁而行違居之不疑在邦必聞在家必
聞。行去聲

○子曰。巧言亂德。小不忍則亂大謀。

○子曰。衆惡之。必察焉。衆好之。必察焉。好惡並去聲

○子曰。人能弘道。非道弘人。

○子曰。君子不以言舉人。不以人廢言。

○子貢問曰。鄉人皆好之何如。子曰。未可也。鄉人皆惡之何如。子曰。未可也。不如鄉人之善者好之。其不善者惡之。好惡並去聲

○子曰。君子易事而難說也。說之不以道。不說也。及其使人也器之。小人難事而易說也。說之雖不以道說也。及其使人也求備焉。易去聲說音悅

○子曰。君子泰而不驕。小人驕而不泰。

政事

倫理

附釋音禮記注疏卷第五十三

禮記　中庸　鄭氏注　孔穎達疏

在下位不獲乎上民不可得而治矣獲得也言臣不得於君則不得居位治民獲乎上有道不信乎朋友不獲乎上矣信乎朋友有道不順乎親不信乎朋友矣順乎親有道反諸身不誠不順乎親矣誠身有道不明乎善不誠乎身矣言知善之爲善乃能行誠疏在下至身矣○正義曰此明爲臣爲人皆須誠信於身然後可得之事○在下位不獲乎上者獲得也言人臣處在下位不得於君上之意則不得居位以治民故云民不可得而治矣○獲乎上有道不信乎朋友不獲乎上矣者言臣欲得君上之意先須有道德信著朋友若道德無信著乎朋友則不得君上之意矣言欲得上意先須信乎朋友也○信乎朋友有道不順乎親則不信乎朋友矣者言欲行信著於朋友先須有道順乎其親若不順乎其親則不信乎朋友矣○順乎親有道反諸身不誠不順乎親矣者言欲順乎親必須有道反於己身使有至誠若身不能至誠則不能順乎親矣○誠身有道不明乎善不誠乎身矣者言欲行至誠於身先須有道明乎善行若不明乎善行則不能至誠乎身矣言明乎善行始能至誠乎身能至誠乎身始能順乎親順乎親始能信乎朋友信乎朋友始能得君上之意得乎君上之意始得居位治民也

不信乎朋友獲乎上
順乎親不信乎朋友

季春　命有司　發倉廩　賜貧窮　振乏絕

季春　開府庫　出幣帛　周天下　勉諸侯　聘名士　禮賢者

（不達）　（名士之次）

向　萌

穀藏曰倉　米藏曰廩

無財曰貧　無親曰窮　長無謂之貧窮

暫無曰乏　不續曰絕　暫無謂之乏絕

○是月也生氣方盛陽氣發泄句者畢出萌者盡達不可以內時可宣出不可收斂也句屈生者曰而直曰萌○泄息列反句古侯反○天子布德行惠命有司發倉廩賜貧窮振乏絕振猶救也廩力甚反○開府庫出幣帛周天下勉諸侯聘名士禮賢者周謂給不足也勉猶勸也聘問也名士不仕者疏不可以內○正義曰以物遂散之時當順天散物不可積聚納之在內也○發倉至乏絕○正義曰蔡氏云穀藏曰倉米藏曰廩無財曰貧無親曰窮暫無曰乏不續曰絕皇氏云長無謂之貧窮暫無謂之乏絕○勉諸至賢者○正義曰謂王者勉勸此諸侯令聘問有名之士禮接德行之賢蔡氏云名士者謂其德行貞純道術通明王者不得臣而隱居不在位者也賢者名士之次亦隱者也名士優故加束帛賢者禮之而已

月令　季春

人云云文例正相對也有游於子墨子之門者謂子墨子曰先生以鬼神為明知先生舊本譌先王今據道藏本吳鈔本正又舊本神為二字到轉王校乙正吳鈔本不到能為禍人哉福畢云人哉已上二十七字舊在今翟曾無稱於孔子乎下今据一本在此一本又無知能為禍人哉六字案吳鈔本亦無知能以下六字又畢本挩福字各本並有今增王云此當以能為禍福連讀不當有人哉二字下文曰先生以鬼神為明能為禍福為善者賞之為不善

墨子閒詁　卷十二　九

埽葉山房石印

者罰之是其證今本禍福二字之間衍人哉二字則義不可通案王說固是但疑當作能為人禍福哉人哉二字恐非衍文未敢肊定姑仍舊本為善者富之王云富與福同為暴者禍之舊本挩為字王補今吾事先生久矣而福不至意者先生之言有不善乎王引之云意者疑詞廣雅曰意疑也鬼神不明乎我何故不得福也子墨子曰雖子不得福吾言何遽不善而鬼神何遽不明王云遽亦何也連言何遽者古人自有複語耳漢書陸賈傳使我居中國何遽不若漢子亦聞乎匿徒之刑之有刑乎俞云之刑二字衍文子亦聞乎匿徒之有刑乎徒謂胥徒給傜役者匿徒謂避役蘇說同案此疑當作匿刑徒之有刑乎衍一之字刑徒又誤到耳蓋即左傳昭七年所謂僕區之法孔疏引服虔云為隱匿亡人之法是也對曰未之得聞也畢云之得二字舊倒以意移子墨子曰今有人於此什子言其賢過子十倍下云百子同子能什譽之而一自譽乎對曰不能有人於此百子子能終身譽亓善而子無一乎對曰不能子墨子曰匿一人者猶有罪今子所匿者若此亓多將有厚罪者也何福之求子墨子有疾跌鼻進而問曰問下吳鈔本有焉字先生以鬼神為明能為禍福為善者賞之舊本

選舉

處士

干旄美好善也衛文公臣子多好善賢者樂告以善道也賢者時處士也○旄音毛好呼報反篇內同

疏干旄三章章六句至善道○正義曰作干旄詩者美好善也衛文公臣子多好善故處士賢者樂告之以善道也毛以爲此敘其由臣子多好善故賢者樂告以善道經三章皆陳賢者樂告以善道之事鄭以三章皆上四句言文公臣子建旌乘馬數往見賢者於浚邑是好善見其好善下二句言賢者樂告以善道也○箋賢者時處士○正義曰以臣子好善賢者告之則賢者非臣子故云處士也士者男子之大稱言處者處家未仕爲官鄉飲酒註云賓介處士賢者鄉大夫賓之以獻於君是未仕也

史記卷一百十九

循吏列傳第五十九

索隱謂奉法循理之吏也

太史公曰法令所以導民也刑罰所以禁姦也文武不備良民懼然身修者官未曾亂也奉職循理亦可以爲治何必威嚴哉

孫叔敖者正義說苑云孫叔敖爲令尹一國吏民皆來賀有一老父衣麤衣冠白冠後來弔曰有身貴而驕人者民亡之位已高而擅權者君惡之祿已厚而不知足者患處之叔敖再拜敬受命願聞餘教父曰位已高而意益下官益大而心益小祿已厚而愼不取君謹守此三者足以治楚楚之處士也虞丘相進之於楚莊王以自代也○

史記卷一百一十九考證

循吏列傳虞丘相進之於楚莊王以自代也○呂氏春秋進孫叔敖者沈尹莖　客曰聞君嗜魚遺君魚何故不受也○韓詩外傳

其弟諫曰　石奢者楚昭王相也○[illegible]氏春秋[illegible]失刑則刑失死則死○韓詩外傳曰法失則刑刑失則死

儒有上不臣天子下不事諸侯慎靜而尚寬强毅以與人博學以知服近文章砥厲廉隅雖分國如錙銖不臣不仕其規爲有如此者强毅以與人彼來辨言行而不正不苟屈以順之也博學以知服不用已之知勝於先世賢知之所言也雖分國如錙銖言君分國以祿之視之輕如錙銖矣八兩曰錙○近附近之近砥音脂又音吉厲力世反分如字錙側其反說文云六銖錙銖音殊說文云權分十黍之重賢知音智

疏

儒有上不臣天子至此者此明儒者志操規爲之事○上不臣天子伯夷叔齊是也下不事諸侯長沮桀溺是也○慎靜而寬者既慎而靜所尚寬緩也强毅以與人者若有人與已辨言行而彼人道不正則已不苟屈從之是用剛毅以與人也○博學以知服者謂廣博學問猶知服畏先代賢人言不以已之博學凌夸前賢也○近文章砥厲廉隅者言儒者習近文章以自磨厲使成已廉隅也○雖分國如錙銖者言君雖分國以祿之視之輕如錙銖不貴重也不臣不仕者謂不與人爲臣不求仕官但自規度所爲之事而行故云其規爲有如此者也○注强毅至曰錙○正義曰强毅以與人彼來辨言行而不正不苟屈以順之也者解經强毅以與人之事謂彼人來至與已辨爭言行而彼人爲道不正已則不苟且屈撓以順從之云不用已之知勝於先世賢知之所言也者解經博學以知服謂不用已之所知勝於先世賢知者之所言服從之也云八兩曰錙者案筭法十黍爲參十參爲銖二十四銖爲兩八兩爲錙

隱

逸字

遺民者曰

長沮桀溺耦而耕孔子過之使子路問津焉鄭曰長沮桀溺隱者也耜廣五寸二耜爲耦津濟渡處長沮曰夫執輿者爲誰子路曰爲孔丘曰是魯孔丘與曰是也曰是知津矣馬曰言數周流自知津處問於桀溺桀溺曰子爲誰曰爲仲由曰是魯孔丘之徒與對曰然曰滔滔者天下皆是也而誰以易之孔曰滔滔周流之貌言當今天下治亂同空舍此適彼故曰誰以易之且而與其從辟人之士也豈若從辟世之士哉士有辟人之法有辟世之法長沮桀溺謂孔子爲士從辟人之法已之爲士則從辟世之法耰而不輟

選舉

頭兩金象古之耦也月令云脩耒耜鄭注云耜者耒之金子路從而後遇丈人以杖荷蓧。包曰丈人老人也蓧竹器子路問曰子見夫子乎丈人曰四體不勤五穀不分孰爲夫子包曰丈人云不勤勞四體不分殖五穀誰爲夫子而索之邪植其杖而芸。孔曰植倚也除草曰芸子路拱而立未知所以荅止子路宿殺雞爲黍而食之見其二子焉明日子路行以告子曰隱者也使子路反見之至則行矣孔曰子路反至其家丈人出行不在子路曰不仕無義鄭曰留言以語丈人之二子長幼之節不可廢也君臣之義如之何其廢之。孔曰言女知父子相養不可廢反可廢君臣之義邪欲絜其身而亂大倫包曰倫道理也君子之仕也行其義也道之不行已知之矣包曰言君子之仕所以行君臣之義不必自己道得行孔子道不見用自已知之

疏子路至之矣。正義曰此章記隱者與子路相識之語也子路從而後遇丈人以杖荷蓧者子路隨從夫

隱

逸學

子曰賢者辟世孔曰世主莫得而臣其次辟地馬曰去亂國適治邦其次辟色孔曰色斯舉矣其次辟言孔曰有惡言乃去子曰作者七人矣包曰作爲也爲之者凡七人謂長沮桀溺丈人石門荷蕢儀封人楚狂接輿疏子曰至人矣○正義曰此章言自古隱逸賢者之行也子曰賢者辟世者謂天地閉則賢人隱高蹈塵外枕流漱石天子諸侯莫得而臣也其次辟地者未能高栖絶世但擇地而處去亂國適治邦者也其次辟色者不能豫擇治亂但觀君之顏色若有厭己之色於斯舉而去之也其次辟言者不能觀色斯舉矣有惡言乃去之也子曰作者七人矣者作爲也言爲此行者凡有七人○注孔曰色斯舉矣○正義曰此鄉黨篇文也○注包曰至接輿○正義曰作爲釋言文云爲之者凡七人謂長沮桀溺丈人石門荷蕢儀封人楚狂接輿者謂長沮一桀溺二荷蓧丈人三石門四荷蕢五儀封人六楚狂接輿七也王弼云七人伯夷叔齊虞仲夷逸朱張柳下惠少連鄭康成云伯夷叔齊虞仲辟世者荷蓧長沮桀溺辟地者柳下惠少連辟色者荷蕢楚狂接輿辟言者七當爲十字之誤也

匡華

二哥第

二哥入臺灣讀二哥讀書最大之不計自存使人所

盡書最大願寄食何

選舉

不顧長子之害而賣舉之。風俗通四張

選舉

公務員制

乃官僚之系
今國家異於昔時昔治人今治事　非威壓
而為公僕　產業革命社會政策發達使
然之
昔事不多公務員不家今皆反之　昔不講
政組織官吏無特殊訓練今皆反之　今日

無公務員制，雖有聖君賢相，亦能致治之集權，亦徒爲其君耳。勉案：民其成孤中故今
此其時秦之事也
之政治所在之人員，固關於公務員而能述其政業不行也。
無論何黨派之公務員
一此始不敢加以破壞
公務員所重者，技術日新之業。
三時由產業等分來
如何改組組織
計無與相强而善

任之必以考試　必有保障　保障要優　必有卹金養老金　升遷由考績

如是行政效率大　以組織善任職　行政效率大則其效精而忠誠

財省而人民之儋何輕矣

官吏久任保障

以私人企業原則

公務雖忙
不攜帶材料之人　所計一案材害
最重精密
其中對故重積案
不可有闕故公務員不以擅離職守

、試官不宜偏於教材

學問基礎廣大者學習亦廣闊且於材料

搜其精隱　其于世界人事則不了解

專于國家具的事了解

只學材料只知校書本郎——但只教材者不然

試官上狀

學校畢業　樹閣寶娟　拔多　樹閣宣　蒼

應國家考試

府試不宜偏於法律　試[illegible]籍例以文章排於

以致者也以致皆是計知應舉之籍之事

法律條文之籍之本

故必了解社會

以考試任官

元首內閣 各部秘書參事 高級地方行政等

官吏政治人物非徒行政人員之能通常不必考

試用 其非皆應考試

政黨乃諸黨政策主持政權所攫 其只與政

務機關耳 公務員之任置則不可攫 否則

行政中斷紛亂且政黨中原亦無許多之人才

從前用人之法非其人則專任用私人之為
凡革命政府亦易不守此以保護其政權也
此以考試權用其其人無論才力若非真情自甘其
係
考試權關宜獨立以防其遂用之權人人宜均
等

安東可要辭之

論示修 皆是 即不得謂其之人何以 六典

萬傳其律所定 之人所職材材且存乎律

故可求之它 國家之事別得之

或日之前後相對之性質為 此種意論与應

与民族之保合 故亦猶多言國黨

相示諷之參政院為宜

考試之計

（簡短答案）非此數語不能其意毋須此數語足使作之簡且閱卷者不以爲煩耶

（演習）多問之技術

（心理測驗）覘其知識

（口試面試）可觀品貌才性

跋陶考古

六朝初　考古之言頗承漢人民歌詠之國風不計隨意摘換　又只考考古之道在於審料

而屬於國之不計問題

奐然

功宜升級　勞宜加薪以升職不宜由積資

完成無缺可升也

資格用人　不於編制而後長短不平之氣　人人有之務令則

人人奮發矣　但升級或賞非所勝　始升級宜

三年一升　兩資格　資格功升中

任遠今年之

考試升級不宜　因仕無學　要研究與論隨時修付

皆於本之務

素此一議尤非人意言長編附以三年最便人

查出好方 總集當時 袁者古史其為了法于此意

費者印生

世事了六し 然譔好仕宦具學出世間安誡其事

儀若倩函用事也

綏函逝將平一日廿載陽 二十倚作 駿陽將平

昔者家 倚禄將平 宋古頓首頓首

考察標準

知識
- 關於職之事
- 接受新知
- 關於了解之進關相原
- 創造

才能
- 性情
- 常識

手段
- 關於事
- 關於人
- 禮貌
- 機智

精靈
- 正確
- 眼光
- 計畫

責任心
- 熱心
- 勤懇

關係於公眾情形之
- 與人合作
- 服人

例序中長官次侍中書令

其下平章事及權辭[illegible]

給諫、諫議大夫[illegible]　[illegible]諫[illegible]審查令[illegible]　審查令　[illegible]

務多代

親奉加

補闕、拾遺初為供奉　[illegible]

職務卑[illegible]　[illegible]事務[illegible]

為補遺均[illegible]　[illegible]

桂侯　老宗兄大人閣下：
徽戚　世姪孫某攜函來謁　貴府，懇賜提攜。
本屆考試　新正　因事所需，望　上諭
助之。
面責之，此請勛綏。趙紉紓

治史為人民必須講究科學

茲後擬出新生　下級人多拿得出手以備

尊

務須即負責任
今人負之責任太大　惟僕努力奉公
故吾儕務抑吾今人當下　吾儕務必爲
此院抑之　吾今人共舊自退此院
即吾今人共國家何可代替　長安代部書人
至河南國家設法
副本書任出備人本人負
謹稿

君誠兄

在英以政經大學畢業十年應 普通中學以

英語教授計可以維持其費用 然年太少經

驗亦乏

亦不宜久任

精明深　閎於民情　無欲　美甲天孫

淵使主什物

具顯萬頓首

冬月初七八

書識之

應分類

眞識其知識不宜過紙

考試制

才德非識字能然舍考試更無客觀

在

部曹政府

官僚均已教育訓練成專業　而成一階級

專重形式　轉至經則亦另有旦例　手續繁瑣　一一遵

循

專人政府　官皆專人不忘訓練考試　定額

要為大部分中民等所不喜。所可受典

論影響　長官操制較難

集權與集事不同

事不可不分　分則中央之事太繁　至於州縣

之情形　指揮則鞭長莫及　地方安得請命

則事遲滯　助長部書政治　人民對政

治愈無興趣

Machiavelli (1469—1527)

馬克推尼 意大利人 其論最似法家 其大旨謂人性惡故當待法以治之 一國與之命曰財而所推最威無信而不可恃 民多愚可欺也 爲人上者但求成功而已不當慕虛名 人則無所最重財故人君不當損人私産實無害

馬氏乘共和其意謂多人參預於人則貴族等在其之左右則其權雖制人民則否故其重以其自貴族之助而發其作用不如得人民之助而發其作用也

選舉（中正）

晉書武帝紀咸寧二年十一月……乙未，令諸郡中正以六條舉淹滯。一曰忠恪匪躬，二曰孝敬盡禮，三曰友于兄弟，四曰潔身勞謙，五曰信義可復，六曰學以為己。（三上）

又何曾傳：子劭，永寧元年薨……子岐嗣。劭初亡，袁粲弔岐，岐辭以疾。粲獨哭而出，曰：今年決下婢子品。王詮謂之曰：知死弔死，何必見生。岐前多罪，爾時不下，何以方亡便下？岐品，人謂中正畏彊易弱，粲乃止。（册三六上）

又衛瓘傳：瓘以魏立九品，是權時之制，非經通之道，宜復古鄉舉里選。與太尉亮等上疏曰：……鄉舉里選，始先王之令典也……

……魏氏承顛覆之運，起喪亂之後，人士流移，考詳無地，故立九品之制，粗具一時選用之本耳。其始造也，鄉邑清議，不拘爵位，褒貶所加，足為勸勵，猶有鄉論餘風。中間漸染，遂計資定品，使天下觀望，唯以居位為貴，人棄德而忽道業，爭多少於錐刀之末，傷損風俗，其弊不細。今九域同規，大化方始，……宜皆蕩除末法，一擬古制，以土斷，定自公卿以下，皆以所居為正，無復懸客遠屬異土者。如此，則同鄉鄰伍，皆為邑里，郡縣之宰，即以居長，盡除中正九品之制，使舉善進才，各由鄉論。然則下敬其上，人安其教，俗與政俱清，化與法並濟，人知善否之教，不在交遊，即華競自息，各求於己矣。今除九品，則宜準古制，使朝臣共相學徒。於出才之路既塞。且可以厲進賢之心。嚴在位之防閑。

職令常也。至帝著之。而卒不能改。（冊六點）

又劉卞傳：本兵家子。……少為縣小吏。功曹夜醉如廁。使卞執燭。

不從。功曹銜之。以他事補亭子。有祖秀才者。於亭中與刺史箋。

久不成。卞教之數言。卓犖有大致。秀才謂縣令曰。卞公府掾之

精者。云何以為亭子。令即召為門下史。百事疏簡。不能精密。令

問卞能學不。答曰。願之。即使就學。無幾。卞兄為太子長兵。既死。

兵例須代。功曹請以卞代兄役。令曰。祖秀才有言。遂不聽。卞後

從令至洛。得入太學。試經為臺四品吏。訪問令寫黃紙一鹿車。

卞曰。劉卞非為人寫黃紙者也。訪問知怒。言於中正。退為尚書

全史。（冊六四〇）

又譙剛王遜傳曾孫敬王恬遷左衛將軍司雍秦梁四州大中正。

（冊七〇）

又魏舒傳……遲鈍質樸。不為鄉親所重。從叔父吏部郎衡。有名當世。亦不之識。使守水碓。每歎曰。舒堪數百戶長。我願畢矣。舒亦不以介意。不修常人之節。不為皎厲之事。每欲容才長物。終不顯人之短。……後太原王乂謂舒曰。卿終當為台輔。然今未能令妻子免飢寒。吾當助卿營之。常振其匱乏。舒受而不辭。……年四十餘。郡上計掾察孝廉。宗黨以舒無學業。勸令不就。可以為高耳。舒曰。若試而不中。其負在我。安可虛竊不就之高以為

已榮乎。於是自殺。百日猶一經。因而變著廿篇。（四一上）

又王戎傳。孫秀爲琅邪郡吏。求品於鄉議。戎從弟衍不許。戎勸品之。及秀得志。朝士有宿怨者皆被誅。而戎衍獲濟焉。（四三）

又鄭袤傳。子默。初帝以貴公子當品。鄉里莫敢與爲輩。求之州內。於是十二郡中正僉共舉默。文帝與袤書曰。小兒得廁賢子之流。愧有竊賢之累。及武帝出祠南郊。詔使默驂乘。因謂默曰。卿知何以得驂乘乎。昔州里舉卿相輩。常愧有累清談。（四四上）

又華表傳。子廙。廙子恆。蘇峻之亂。恆侍帝左右。從至石頭。備履艱危。困悴踰年。初恆爲州大中正。鄉人任讓。輕薄無行。爲恆所黜。及讓在峻軍中。任勢多所殺害。見恆。輒恭敬。不肆其虐。鍾雅等

趨之死。亦將何悔。懷盡心敢衛。何得免。何何之迹

又劉毅傳：毅以魏立九品。權時之制。未見得人。而有八損。乃上疏曰。臣聞立政者以官才為本。官才有三難。▲……人物難知。一也。愛憎難防。二也。情偽難明。三也。今立中正。定九品。高下任意。榮辱在手。……愛憎決於心。情偽由於己。公無考校之負。私無告訐之忌。用心百態。求者萬端。廉讓之風滅。苟且之俗成。天下訩訩。但爭品位。不聞推讓。……不精才實。務依黨利。不均稱尺。務隨愛憎。所欲與者。獲虛以成譽。所欲下者。吹毛以求疵。高下逐強弱。是非由愛憎。隨世興衰。不顧才實。衰則削下。興則扶上。一人之身。旬月異狀。或以貨賂自通。或以計協登進。附託者必

譽。守道者困悴。無援於見。必見割奪。有私於己。必得其欲。是以上品無寒門。下品無勢族。暨時有之。皆曲有故。……損政之道一也。置州都者。取州里清議。咸所歸服。將以鎮異同。一言議。不謂一人之才。了一州之才。一人不審便坐之。若然。自仲尼以上。至於庖犧。莫不有失。則皆不堪。何獨責於中人者哉。若殊不修。自可更選。今重其任。而輕其人。所立品格。還訪刁攸。攸之非州里之所歸。非職分之所置。今訪之。歸正於所不服。決事於所不職。以長讒構之源。以生乖爭之兆。似非立都之本旨。理俗之深防也。主者既善刁攸。攸之所下。而復選以二千石。已有數人。劉良上攸之所下。石公罪攸之所行。駁違之論。橫於州里。嫌讎之隙。

結於之屬。……損政之道二也。……今之中正。務自遠者。則抑割一國。使無上人。穢劣下比。則拔舉非次。并容其身。……乃使優劣易地。首尾倒錯。……損政之道三也。……實中正。委以一國之重。無賞罰之防。……怨訟者衆。聽之則告訐無已。禁絕則侵枉無極。與其理訟之煩。猶愈侵枉之害。今禁訟訴。則杜一國之口。培一人之勢。使得縱橫。無所顧憚。……使上明不下照。下情不上聞。損政之道四也。……一國之士。多者千數。或流徙異邦。或取給殊方。面猶不識。況盡其才力。……其當品狀。采譽於臺府。納毀於流言。任己則有不識之蔽。聽受則有彼此之偏。所知者以愛憎奪其平。所不知者以人事亂其度。既無鄉老紀行之譽。又非朝廷考績之課。義使進官之人。棄近求遠。背本逐末。位以求成。不由行立……擬所不知……既以在官。職有大小。事有劇易。各有功報。此人才之實效。功分之所得也。今則反之。於限當報。雖職之高。還附卑品。無績於官。而獲高敘。是爲抑功實而隆虛名也。上奪天朝考績之分。下長浮華朋黨之士。損政六也。……凡官不同事。人不同能……今品不狀才能之所宜。而以九品爲例。以品取人。或非才能之所長。以狀取人。則爲本品之所限……況今九品。所疏則削其長。所親則飾其短。徒結白論。以爲虛譽……損政七也。前九品詔書。善惡必書。以爲褒貶。當時天下。少有所忌。今之九品。所下不彰其罪。所上不列其善……反還第品。大夫形勢。以驅動衆人。使必歸己。進者無功以表勸。退者無惡以成懲。……天下人焉得不解德行而銳人事。損政八也。由此論之。選中正而非其人。授權勢而無賞罰。或缺中正而無禁檢。邪黨得肆。枉濫縱橫。雖職名中正。實為姦府。事名九品。而有八損。或恨結於親親。猜生於骨肉。當身困於敵讎。子孫離其殃咎。……自魏立以來。未見其得人之功。而生讎薄之累。……臣以為宜罷中正。除九品。……疏奏。優詔答之。後司空衛瓘等共表宜省九品。復古鄉議里選。帝竟不施行。（晉四五）

又：年七十告老。……後司徒舉毅為青州大中正。尚書以毅懸致仕。不宜勞以碎務。陳留相樂安孫尹表曰。……毅疾惡之心

小遼。東北安韓共論議傷地。始舊其僑稱。今去東莞。此百稀及

毅使總人倫之職也。居州成德懷毅，遂毅不用。則書誤倒錯矣。

於是青州自二品以上。光祿勳石鑒等共奏曰。謹案

陳留相樂安孫尹表及與臣等書如左……前被司徒符，當參舉州

大中正。以光祿大夫毅……臣等慮有，雖言廢於事。今承尹

書。敢不列啟……由是毅遂爲州都。銓正人流。清濁區別。其所

彈貶。自貴近者始。（可參近）

何攀傳：爲梁益二州中正。引致遺滯。巴西陳壽、閻乂、犍爲費立。

皆西州名士。並被鄉閭所謗。清議十餘年。攀申明曲直。咸免冤

濫。（可參鄉邑）

又劉頌傳。初頌嫁女臨淮陳矯。矯本劉氏子。與頌近親。出養於姑。
改姓陳氏。中正劉友譏之。頌曰。舜後姚虞陳田。本同根系。而世
皆爲婚。禮律不禁。今與此同義。爲婚可也。友方列上。爲陳騫
所止。故得不劾。頌問明法掾陳默蔡畿曰。鄉里誰最屈。二人俱
云劉友屈。頌作色呵之。畿曰。友以私議冒犯明府爲非。然鄉里
公論稱屈。（四六九）

又李重傳。弱冠爲本國中正。遜讓不行。後爲始平王文學。上疏陳
九品曰。……九品始於喪亂軍中之政。誠非經國不刊之法也。
且其檢防轉碎。徵刑失實。故朝野之論。僉謂驅動風俗。爲弊已
甚。而至於議改。又以爲疑。……古者諸侯之治。分土有常。國有

官主。人無異望。卿大夫世祿，仕無出位之思，臣無越境之交。上下體固。人德歸厚。秦反斯道。罷侯置守。風俗淺薄。自此來矣。漢革其弊。斟酌周秦。並建侯守。亦使分土有定。而牧司必各舉賢貢士。任之鄉議。事合聖典。比蹤三代。方今……承魏氏凋弊之跡。人物播遷。仕無常朝。人無定處。郎吏蓄於軍府。豪右聚於都邑。事體駁錯。與古不同。謂九品既除。宜先開移徙。聽相並就。且明貢舉之法。不濫於境外。則冠帶之倫。將不分而自均。即土斷之實行矣。同四六 84

又段灼傳：……取長假還鄉里。臨去遣息上表。……今臺閣選舉。徒塞耳目。九品訪人。唯問中正。故據上品者。[redacted]非公侯之子孫。則當塗之昆弟也。二世顯然。則蓽門蓬戶之俊。安得不有陸沈者哉。(可入徵)蓋時異者未平也可見中正之弊久矣。

又閻纘傳。父卒。繼母不慈。纘恭事彌謹。而母疾之愈甚。乃誣纘盜父時金寶。訟於有司。遂被清議。十餘年。纘無怨色。孝謹不怠。母後意解。更移中正。乃得復品。(可入徵)

又溫嶠傳。揚州刺史楊欣有姊喪。未經旬。車騎長史韓預強聘其女為妻。嶠為中正。處預以清議。州里稱之。(可入徵)

又李含傳。隴西狄道人也。僑居始平。……[redacted]司徒選含領始平中正。秦王柬薨。含依臺儀葬訖除

書。尚書趙浚有內寵，疾含不事己。遂奏含不應除喪。本州大中
正傅祗以名義貶含。中丞傅咸上表理含。……今以含俯就王
劉。頃之嘗屬鄉黨集共中正。……又含自以隴西人，雖戶屬始
平。非所綜悉專。自初見使為中正。反覆書表。說非始平國人。不宜
為中正。……中正龐騰。便割含品。……帝不聽。含遂被斥退。割
為五品。（卷六十）

又周浚傳。從父弟馥，累遷司徒左西屬。司徒王渾。表馥理識清正。
兼有才幹。主定九品。檢括精詳。臣委任責成。褒貶允當。請補尚
書郎。許之。稍遷司徒左長史、吏部郎。選舉精密。論望益美。（卷六十一）

又祖逖傳。兄納嘗問梅陶曰。君鄉里立月旦評。何如。陶曰。善褒惡

賤。別據法也。……時王隱在坐。因曰。尚書稱三載考績。三考黜
陟幽明。何得一月。便可廢退。閻曰。此古法也。月旦私法也。隱曰。
如稱積善之家必有餘慶。積不善之家。必有餘殃。積家世著不是惡。必須
積久。善惡乃著。公私月累。古人有言。貞良而亡。先人之殃。酷烈
而存。先人之勳。累世乃著。豈但一月。若必月旦。則顏回食埃。不
免貪汙。盜跖引少。則爲清廉。朝種暮獲。善惡未定矣。（晉二九下）
又陶侃傳……補武岡令。與太守呂岳有嫌。棄官歸。爲郡小中正。
（晉六六下）
又卞壼傳父粹。以清辯鑒察稱。兄弟六人。並登宰府。世稱卞氏六
龍。玄仁無雙。玄仁。粹字也。弟裒。嘗忤其郡將。〻〻無。評其門閥

之私。梓遂以不訓見譏，陵遲積年。（四十五上）

又隸御史中丞。……時淮南小中正王式繼母前夫終，更適式父。式父終，喪服訖，議還前夫家。前夫家亦有繼子，奉養至終，遂合葬於前夫。式自云：父臨終，母求去，父許諾。於是制出母齊衰期。壼奏曰。……虧損世教，不可以居人倫詮正之任。案侍中司徒臨潁公組，敷宣五教，實在任人，而含容違禮，曾不貶黜。揚州大中正侍中平望亭侯曄，淮南大中正散騎侍郎弘，顯執邦論，朝野取信，曾不能率禮正違，崇孝敬之教，並為不勝其任。請以見事免組、曄、弘官。大鴻臚削爵土。廷尉結罪。疏奏，詔特原組等，式付鄉邑清議，廢棄終身。（七十上）

又何充傳，又領州大中正。以州有先達宿德，固讓不拜。（七七頁）
又孔愉傳，初愉為司徒長史，以平南將軍溫嶠母亡遭亂不葬，乃
不過其品。至是蘇峻平，而嶠有重功。愉往石頭詣嶠，嶠執愉手
而流涕曰：天下喪亂，忠孝道廢，能持古人之節，歲寒不凋者，
唯君一人耳。時人咸稱嶠居公而重愉之守正。（七八頁）
又陳壽傳，遭父喪，有疾，使婢丸藥。客往見之，鄉黨以為貶議。及蜀
平，坐是沈滯者累年。司空張華愛其才，以壽雖不遠嫌，原情不
至貶廢，舉為孝廉。（八二頁）
又光祿[illegible]定品[illegible]又[illegible]傳[illegible]祖[illegible]有[illegible]太守[illegible]
又張軌傳，中書監張華與軌論經義及政治損益，甚器之。謂為安定
中正為蔽善抑才，乃美為之談，以為二品之精。（八六頁）

[illegible]

又孝友傳：璽彥虔仕魏為中書侍郎。是歲陸雲薦之移射史團後。
本邑大中正劉頌為本常彥為小中正。大唐中舉。見下頁
又良吏傳：初祖文廠有疑獄，勒彼愛之。以太守勤校古王古。對掌
書處。何曰：先人所疑，不可改也。嘗語鎮軍貴展之以人論事
不修。使爭之修不犯。曰：孔子稱聽訟吾猶人也，必也使無訟乎。
隱奇之，以女妻之。常相甚二跡。而其不學，庸大子沈昌寫洛
互詳前條。丙子64
又石季龍載記下：書曰：三載考績，黜陟幽明，斯則先王之令典，政
道之通塞。魏始建九品之制，三年一清定之。雖未盡弘美，亦縉
紳之清律，人倫之明鏡。從爾以來，遂因無改。先帝創臨天下，黄

祇自定。至於選舉。銓由尚書。自不清定。三載於考。至於六吏銓

倫。務揚清激濁。使九流咸允也。吏部選舉。可依晉氏九班舊制。

永為常式法。選舉。經中書門下宣示。三省然後行之。共著此議。書

於今。銓衡不革則也。御史陳咥以鄭和行之　二一上

晉書傅玄傳。子咸。遷司徒左長史。……咸在位多所執正。豫州大

中正夏侯駿上言。魯國小中正司馬孔毓。四移病所。不能接賓。

求以尚書郎曹馥代毓。旬日。復上毓為中正。司徒三卻。駿故據

正。咸以駿與奪惟意。乃奏免駿大中正。司徒魏舒。駿之姻屬。

屢卻不署。咸據正甚苦。舒終不從。咸遂獨上。舒奏咸激訕不直。詔

轉咸為車騎司馬。　四七上

晉書隱逸傳：霍原，及劉沈為國大中正，元康中，進原為二品，司徒

不過。沈乃上表理之。詔下司徒參論。中書監張華令陳準奏為

上品，詔可。（九〇五下）

宋書何尚之附子偃傳：之，先是，會稽郡吏杜德靈，放居安貧，雖

以內言詩十餘首，文行於世。性被徒，歷寒不得叢傳。為書僕射

鄭仁發其才，因言次白太祖。上小見時，便見其中有此文，而

論其文是識素遠，太賞悅也。太祖曰：若如此，便應通之。元嘉七

年，方為司徒彭城王義康法曹參軍。（五三下）某方明以之

嘉三年卒，則被寒亦不久也

又與僕傳有，……二僕……故廣業世農夫，但指致位公相，貴賤

牛醫之子。叔度名重京師。且仕子居朝。咸有職業。雖七葉珥貂。
見崇西漢。而侍中身奉奏事。又分掌御服。東方朔為黃門侍郎。
執戟殿下。郡縣掾史。並出豪家。負戈宿衛。皆由世族。非若晚代。
分為二塗者也。漢末喪亂。魏武始基。軍中倉卒。權立九品。蓋以
論人才優劣。非為世族高卑。因此相沿。遂為成法。自魏至晉。莫
之能改。州都郡正。以才品人。而舉世人才。升降蓋寡。徒以馮藉
世資。用相陵駕。都正俗士。斟酌時宜。品目少多。隨事俯仰。劉毅所
云。下品無高門。上品無賤族者也。歲月遷訛。斯風漸篤。凡厥衣
冠。莫非二品。自此以還。遂成卑庶。……士庶之科。較然有辨。……
……孝建泰始。主威獨運。官置百司。權不外假。而刑政糾雜。理難

偏道。耳目所寄。事歸近暱。……人主謂其身卑位薄。以為權不
猶重。……及太宗晚運。慮經盛衰。權幸之徒。慴憚宗戚。欲使幼
主孤立。永竊國權。構造同異。興樹禍隙。帝弟宗王。相繼屠劋。民
忌宋德。雖非一塗。寶祚夙傾。實由於此。……(九之上)
南齊書高帝紀建元元年。即位詔有犯鄉論清議。贓汙淫盜。一皆蕩
滌。洗除先注。與之更始。(二上) 十月辛巳。詔曰：……宋元徽二
年以來。諸從軍得官者。未悉收禄。可催速下訪。隨正即給。才堪
餘任者。訪洗量序。若四州士庶。本鄉淪陷。簿籍不存。尋校無所。
可聽州郡保押。從實除奏。荒遠闕中正者。特許據軍簿奏除。或
戍捍邊役。末由旋反。聽於同軍。各立五保。所隸有司。時為言列。

(已上)選

南齊書王琨傳(時帝臨崩,出為會稽太守……)……本州中正……時王儉為宰相。屬琨用東海郡迎吏。琨謂(使)信曰。語郎。三臺五省。皆是郎用人。外方小郡。當乞寒賤。省官何容復奪之。遂不過其事。(卅二下)

又王諶傳:明帝好圍棋。置圍棋州邑。以建安王休仁為圍棋州都大中正。諶與太子右率沈勃。尚書水部郎庾珪之。彭城丞王抗四人為小中正。朝請褚思莊。傅楚之為清定訪問。(卅四上)

梁書敬帝紀:太平二年。正月。壬寅。……[illegible]。又詔諸州各置中正。依舊訪舉。不得輒承單狀序官。皆須中正押上。然後量授。詳依品制。務使精實。若辨雜有爽。隨事糾責。[illegible]

而庸曾強令，積聚於尚方部。人士顧、殷，可則皆是本宣字分
劉鄧孫、謝誕、樹敬、羨僑字邑。帝嘗集書，共遊中臣。多求其結誼
叢。他古錄之。（宋書九十）八卷史
南史宋本紀：建元三年九月，高帝令吳郡顧昌玄。書文法秀。宋春
始中於宿衛士。尸體不及。而昌玄寶其指，與章人無異。有司
請加以遠議。（四七）
又明帝建武元年十二月。詔曰：宣城右僕射劉瓛之。撫孤將軍鄉
孫之子。世不勝其見，孤孫伏膺母氏。孫免古，學訓維絕，之村之鄉
論。（四八）
又梁本紀：天監元年，共祀卿論，舊議減行讓。一皆有條，先除前

注。子之之更始。（卷六 頁下）

南史陳本紀論：梁室之季，有紀御論清議，職于選擧。暨晚陳，先法。子之之

又陳總（卷九 頁上）

南史陳暄傳：暄以落魄不爲中正所品，久不得調。（卷六一 頁上）

魏書穆亮傳（崇）：于時復置司州。高祖曰：司州始立，未有寮吏，須立中

正，以定選擧。然中正之任，必須德望兼資者。世祖時，崔浩爲冀

州中正，長孫嵩爲司州中正，可謂得人。公卿等宜自相推擧。必

令稱允。尚書陸叡擧亮爲司州大中正。（卷廿七 頁上）

又李宣茂傳（崇）：宣茂爲司州大中正，以受人財貨，爲御史所劾，除名爲

民。（卷四九 頁下）

穀城陽虎傳：虎以勇出爲中正。出爲鄴郡平林府吏，常從陽大
守。去職由中正時受鄉人財貨免。（七二上）
又王紀傳：華僑年十八，爲鄉本郡中正。（八五上）
又崔偃傳：王仲興……仲興其子道顯，自以寒微，云寒士多比數
城。城爲雍州大中正。（九三上）嶷階之既宦達，自云本出寒門。
之人倫附貴，乃因廕階拜司徒。請爲雍州大中正，府省以階
詁材依訴。（四上）瞻隨西僑爲刺史，沈陽乃以陽　蕭道貴人爲寓居潁陽上蔡……趙寬自云南陽
人。……以趙子南陽從屬荊州，寬請給事中南陽中正，以其爲
荊州大中正。……後爲荊州大中正。（八上）儁問……爲……恆
州大中正。（八上）剛長子謙……並州大中正。（九上）

魏書閹官傳　平季　出州大中正。高祐薦為平營中正。宋の外　考

隨州大中正。外

又官氏志　正始元年。十一月。薛郡中正。正光元年。、、、十二月。

蘇綽傳　中正。郡稱宗姓族。郷黨。外

北齊書　許惇傳　惇少純直。晚更浮動。事朝權。屈節於大中正。一事

又為江周郡　郡邵為中書監。術望甚高。博與鄉競中正。遂偏附

宋欽道。出郡為刺史。轉儀曹郎。薦之。何三外

又畢列傳　列宗傳業。閨門修飾。為世所稱。一門女不再醮。魏大

和中。推兗州大中正。寺。女嫁公主。無子。坤華堂家為尼。咸存戒行。

列天統中。與為畢義雲。除兗州大中正。義雲豐積門廡。立戒

軍出本州刺史。所出為刺守以吏。烈合去。所自畢執被誅之逮。
家無人物。延由刺史。皆是雒陽之人。彼此兩得。何足為言。今營著
於漢之河南尹。晉之大傳。名法學門。古代待義。且勇悍安貞。是之
以相冠。自外多可稱也。蓋謂荊雲之帷幄焉。（四三 35）

晉書宣帝紀：嘉平二年。春。正月。天子命帝……置左右長史。增掾屬舍人滿十人。歲舉掾屬任御史秀才各一人。以上止

又景帝紀：魏景初中。拜散騎常侍。累遷中護軍。為選用之法。舉不越功。吏無私焉。止

又魏嘉平四年。春。正月。遷大將軍。加侍中。持節。都督中外諸軍。錄尚書事……盧毓李豐典選舉……

又文帝紀：甘露三年秋。七月。奏錄先世名臣元功大勳之子孫。隨才敘用。止

又武帝紀：泰始四年。六月。甲申朔。詔曰。郡國守相。三載一巡行屬

孤也以義。……士庶者於學篤志。而出信情自異以也。學而
進之。有不孝敬於父母。不中悌於族黨。悖禮棄常。不率法令也。
糾而罪之。……若長吏在官以廉。廉不及私。正色直節。不飾名
譽也。及方門分職。論議求容。不節不立。而私門日富也。並謹察
之。指陳得失。闕學著強直。此朕所以無撰綱紀。責成於良二千石
也。……（三上）
又十一月。……乙未。詔王公卿尹及郡國守相舉賢良方正直言
之士。（三上）
又元年六月。……丁亥。詔曰。古者歲終舉吏之能否。三年而誅賞
之。誠令長吏得以簡遷蹤苟。而無有勸進。非黜陟之謂也。其條

勤誠有種犬馬之勞。願以爲言。言將謝其功勞。（三4下）

又己未。詔蜀相諸葛亮孫京隨才署吏。（三4下）

又十二月。詔諸郡舉勇猛秀異之才。（三5上）

又七年六月。詔公卿以下舉將帥各一人。（三5下）

又八年二月。詔內外群官舉任邊郡者各三人。（三5下）

又咸寧二年。十二月。徵處士安定皇甫謐爲太子中庶子。（三7上）

又太康九年。春正月。壬申朔。日有食之。詔曰。……令內外群官舉

清能。拔寒素。（三7下）

又五月。詔內外群官舉守令之才。（三7下）

又元帝紀。太興元年三月壬申。詔曰。……其有政績可述。刑獄得

中。人無經訟。久而日新。及當官挾勢。茹柔吐剛。矜才識隘。修飾時譽者。並以名聞。(石苞傳) 七月。庚申。詔曰……其有志存公。而不見進用者。有貪婪穢濁。而以財勢自安者。若有不舉。當受故縱蔽善之罪。有而不知。當受闇塞之責。各明慎奉行。案指刺史

(經)[redacted]

又明帝紀太寧三年八月。詔曰……是時以相名門之胄。有[illegible]傳家訓。又忠孝仁義。靜己守真。不聞于時者。州郡中正。亟以名聞。勿有所遺。

又成帝紀咸和六年[redacted]三月……[illegible]。詔舉賢良直言之士。(石苞傳) 十一月。……詔舉賢良。八年春正月。……令諸

郡當一人。計當千五百戶以上也

又 哀帝紀隆和元年十二月。庚午朔。日有食之。詔曰。……其搜揚隱滯。……(六紀)

又 簡文帝紀咸安二年三月丁酉詔曰……內外百官各勤所司使善無不達。惡無不聞(九紀)

又 又曰。成帝咸和六年。正月。癸巳。令州郡秀孝於樂賢堂。有磨見於策。獲之。……自喪亂以後。風衰陵夷。秀孝策試。之四科之寖。廢興於策。戒形於家。(卅八紀)

又 鄭沖傳 任真自守。不要鄉曲之譽。由是州郡久不加禮。(卅三紀)

又 劉寔傳 寔著崇讓論曰。一讓以為所言讓即舊也。安於至舟讓邪云：時不崇儒。一人有先衆之名，雖然隨之。名不得成，將使東漢之學。又云：其人情常則新，新已所不知，說則競捨於稽也。亦可以證其理明相之由也此。

又《唐彬傳》云：元康初，拜使持節、前將軍、領西戎校尉、雍州刺史。下教曰：此州名都，士人林藪。處士皇甫申叔、嚴舒龍、姜茂時、梁子遠等，並志節清妙，履行高潔。踐境望風，虛心饑渴，思加延致，待以不臣之典。幅巾相見，論道而已，豈以吏職屈染高規。郡國備禮發遣，以副於邑之望。於是四人皆到，彬敬而待之。此種處士於藩也。古人君國自有師友也。若其推廣之，及於牧守之人，則更甚矣。漢時府君於屬吏也。向之從不署其職所招聘之賓

又 山濤傳：出爲冀州刺史。……冀州俗薄，無相推轂。濤甄拔隱屈，
搜訪賢才，旌命三十餘人，皆顯名當時。人懷慕尚，風俗頗革。可
三近

又……以濤爲吏部尚書。……前後選舉，周徧內外，而並得其才。
咸寧初，轉太子少傅，加散騎常侍，除尚書僕射，加侍中，領吏部。
……濤再居選職十有餘年，每一官缺，輒啟擬數人，詔旨有所
向，然後顯奏，隨帝意所欲爲先。故帝之所用，或非舉首，衆情不
察，以濤輕重任意。或譖之於帝，故帝手詔戒濤曰：夫用人惟才，
不遺疏遠單賤，天下便化矣。而濤行之自若，一年之後，衆情乃
寢。……太康初，遷右僕射，加光祿大夫，侍中、掌選如故。可三近

又「濤有五子。該。淳。允。謨。簡……淳……允……並少尫病。形甚短小。而聰敏過人。武帝聞而欲見之。濤不敢辭。以問於允。允自以尫陋。不肯行。濤以為勝己。乃表曰。臣二子尫病。宜絕人事。不敢受詔。」（可三張）

又「簡……年二十餘。濤不之知也。簡歎曰。吾年幾三十。而不為家公所知。」（可三張）……「光熙初。轉吏部尚書。永嘉初。出為雍州刺史。鎮西將軍。徵為尚書左僕射。領吏部。簡欲令朝臣各舉所知。以廣得才之路。上疏曰。……泰始初。躬親萬機。……時黃門侍郎王恂庾純始於太極東堂聽政。評尚書奏事。多論刑獄。不論選舉。臣以為不先所難。而辨其所易。」然則武帝於選舉實未措

留心而山濤窺上意以為雖階亦行之而已矣
又王戎傳：南郡太守劉肇賂戎筒中細布五十端。為司隸所糾。以
知而未納。故得不坐。然議者尤之。帝謂朝臣曰。戎之為行。豈懷
私苟得。正當不欲為異耳。帝雖以是言釋之。然為清慎者所鄙。
由是損名。（四三）
又遷尚書左僕射。領吏部。戎始為甲午制。凡選舉皆先治百姓。然
後授用。司隸傅咸奏戎曰。書稱三載考績。三考黜陟幽明。今內
外群官。居職未期而戎奏還。既未定其優劣。且送故迎新。相望
道路。巧詐由生。傷農害政。戎不仰依堯舜典謨。而驅動浮華。虧
敗風俗。非徒無益。乃有大損。宜免戎官。以敦風俗。戎與賈郭通

親竟以不然。（〇三5上）

又[redacted]衍

……泰始八年。詔舉奇才可以安邊者。衍初好論從橫之術。故

尚書盧欽舉爲遼東太守。不就。（〇三6上）

又華表傳子廙。妻父盧毓典選。難舉姻親。故廙年三十五不得調。

（〇〇5上）

[redacted]劉毅傳。少厲清節。然好臧否人物。王公貴人。望風憚之。僑

居平陽。太守杜恕。請爲功曹。沙汰郡吏百餘人。三魏稱焉。爲之

語曰。但聞劉功曹。不聞杜府君。（〇五上）

又帝嘗南郊禮畢。喟然問毅曰。卿以朕方漢何帝也。對曰。可方桓

晉武帝曰：吾雖德不及古人，猶克己為政。又平吳會，混一天下，方之桓靈，其已甚乎。對曰：桓靈賣官，錢入官庫；陛下賣官，錢入私門。以此言之，殆不如也。（見晉書）

8下

又郭奕傳：咸寧初，遷雍州刺史。……時亭長李含有俊才，而門寒，為豪族所排。奕用為別駕。含後果有名位。時以奕為知人。（晉書）

又劉頌傳：除淮南相。……頌在郡上疏曰：……泰始雖平于吳蜀。臣之愚慮，謂未盡善。……又孫氏為國，文武眾職，數擬天朝。一旦湮替，同於編戶。不識所蒙更生之恩，而災困逼身，自謂失地。用懷不靖。今得長王以臨其國。隨才授任，文武並敘。[redacted]

[redacted]……求富貴者取之於國內……」（見八治）

又今閭閻少名士，官司無高能，其故何也？清議不當人，不立操行，在取容，故無名士。下不專局，又無考課，吏不竭節，故無高能。無高能則有疾世事，少名士則後進無準，故臣民立奕謀而留情儀矣。夫欲富貴而惡貧賤，人理然也。聖王大諳物情，知不可去，故直同公私之利，而總其求道，使夫欲富貴者必先由賢，欲貴者必先安賤。安賤則不競，不競，并以廉恥為守，貧而安節操，節操之基以揆量，以此富貴乃得其和，和之之，此富貴之情也。故無相斯續得其私，與公私之利同也。今雖富貴，不由義，自得富，雖貴此不安修，因自貴，公私之違既來，而人情不能無私，私之利不可以不

即。則恒背公而積私。是以風節日頹。公理漸替。人共賢。非執
遂之所致。以此為說。小大雜糅。絲紊頹素。既久。雜反一致。又世
教數廢。營私決塵。奔走津梁。庸俗相沿。不可救藥。若撰難防也。
且舞文求譽之徒。在柳大同儕之中。插角爭勝。使夫賄通情之
學也。損其榮之實。假存不鮮之地。稍已傳者此。善修德之振刻
於清議之上。二業分流。全不相蒙。……夫上古創謀始。上溯是非。
以別於虛。甚難辨也。既以捷川。因其成敗。以分功罪。若子將也。
……今陛下必精事務。而略於考績。將何以處事。懷成敗之鑒。
粉飾文字。以遁目下之譴責。此政功所以未善也。今人主能恒
居為風氣。以御其下。督任人臣功罪。形於成敗之徵。無以坐其隙

賞。……功不可誣，則於其勸。罪不可赦，則違慢自前。……不存
政多不擇任。亦宜盡精。使於其得成其功。不於其得以著其短。
著可以而廢。功成可以遂任。[redacted]……如此不已，則擇任其漸多。
程年卅名。[redacted]郎、尋因稱得其人矣。……今頼著一史實不知所賞。
求一負殿。不知所罰。及其失也。自以犯將身。誹不於其功。徒陵其
自以豪資與人。聞之者不知非功實也。……夫監司以法舉罪。獄
官案劾盡實。法吏據辭守文。大較猶同。然至於施用。監司與夫
法獄。體宜小異。獄官據實。法吏據文。監司則欲舉大而略小。何
則。夫細過微闕。謬妄之失。此人情之所必有。而不糾以法。則無
野無全人。此所謂理而反亂其也。故善為政者。網舉而網疏。

綱舉則所羅者廣。網疏則小必漏。……近世以來。有司者。覈
大綱不舉。而細務之必舉。細務之不足以害政。舉之則繳而益亂。大
綱不振。則[尋]細務橫肆。……。則百姓失職矣。……今宜全省耳。
及所當之政。……及此非難也。人主不善擇要之舉。必責於疆
舉尤之奏。當以盡公。則害政之蠹。自然禽矣。夫大蠹於政而亢
此歷之羅。類出富彊。而最害者。其力足恃。其貨足移。是以古今
所恃而肆暴。下吏縱姦。惟所司之不察。則謹密網以羅微跡。使
奏劾相接。狀似盡公。而撓法不亮。固已在其中矣。非徒無益於
政體。清議乃由此而益傷。……賢人君子。……不能無憂。……
而執繩以法。……雖……輕重若殊。……而名不異。故不執之

徒。但引名自方。以求形隱。因名可竊。假力取直。於清議益傷也。凡舉過彈違。將以肅風論而整世教。今舉小過。清議益穢。是以聖人深識人情而達政體。故其稱曰。不以一眚掩大德。又曰。赦小過。舉賢才。又曰。無求備於一人。故冕而前旒。充纊塞耳。意在善惡之報。必取其尤。然後簡而不漏。大罪必誅。法禁易全也。……

……古人有言。貴錢不因。而力錯日繁。不可以為政。此言大事緩而小事急也。(同上卷)

又除吏部尚書。建九班之制。欲令百官居職希遷。考課能否。明其賞罰。賈郭專朝。仕者欲速。竟不施行。(同上卷)

又李重傳。遷尚書吏部郎。務抑華競。不通私謁。特留心隱逸。由是羣才畢舉。拔用北海西郭湯。琅邪劉珩。燕國霍原。馮翊吉謀等。為秘書郎及諸王文學。故海內莫不歸心。時燕國中正劉沈舉霍原為寒素。司徒府不從。沈又抗詣中書奏原。而中書復下司徒參論。司徒左長史荀組以為寒素者。當謂門寒身素。無世祚之資。原為列侯。顯佩金紫。先為人間流通之事。晚乃務學。少長異業。年踰始立。草野之譽未洽。德禮無聞。不應寒素之目。重奏曰。案如癸酉詔書。廉讓宜崇。浮競宜黜。其有履謙寒素靖恭求己者。應有以先之。如詔書之旨。以二品繫資。或失廉退之士。故開寒素以明尚德之舉。……如詔書所求之旨。應為二品。詔從之。重與李毅同為吏部郎。[redacted]……毅……上疏曰。[redacted]

……昔先帝崇風流之教，而思反純朴，乃詔簡較寂，搜求隱逸。咸寧二年，始以太子中庶子徵安定皇甫謐。四年，又以博士徵安南朱沖。太康之年，復以太子庶子徵沖。雖皆以疾病不到，而斂節說服。……（同上九下）

又傅玄傳：子咸。咸以……長吏到官，未幾便遷。百姓困於無定。吏卒疲於道路。（同七上）

又閻纘傳：國子祭酒鄒湛以纘才堪佐著，薦於秘書監華嶠。嶠曰：此職閑廩重，貴勢多爭之，不暇求其才。遂不能用。（同上下）

又愍懷太子之廢也，纘輿棺詣闕上書，理太子之冤。曰……云云人選師傅，下至群吏，率取膏粱擊鐘鼎食之家。宜有令問儒素。如

衛綰、周文、石奮、疏廣、陸馬賓人。亦無涉講鄒莊之法。……非但
東宮。歷觀訓王。師友文學。皆其精力所得也。事非容易。王陽明
以道訓。友無亮直三益之節。官以文學爲名。實不讀書。但其鮮
致好焉。縱涉古今。據摭博典。……豈能讀文學。皆道空問拘虛。
以學自立也。……使嚴御史監護其家。總貴戚子弟。輕薄寡
害。……皇太孫之。纘緒上台曰。……纘子孫……當於旦夕訓
論。猶道出入。動靜勤勞。宜選賢者之士。……以爲師傅。其侍從
以下。乃至通婢者。且勿復取戚屬家門子弟若其太妃家室及賓
郭之之壞。亂以之起。其東宮官僚。兼令傅之。章奉輔導之業。和睦親
繼。……皆可擇其閑習學問者也。……句話

文虞峻傳：時風俗趨競，禮讓陵遲，峻上疏曰：……山林之士……
吳
清勁足以抑貪汙，退讓足以息鄙爭……先王嘉之……方今
有玉帛之命。其次有凡材之稱……秦塞斯路，利出一孔，唯有
霸士之名，而無爵列於朝也……時不知德，惟爵是聞，故閭閻
以公乘俗於鄉人，郎中以上爵教其子，是擇相為之。古曠斯甚。
……夫不棄百王之弊，使積藏世之路，文士競智而務入。至夫
恃力而學矣，言高矣，而志專窮，功操矣，其求不已。而國無隨才
任官之制，俗無綱維，進取退之恥。任一高，雖無功而不見下，已負
俗而復見用……又仕者臨階無率，是以普天之下，先競而後
讓。舉世之人，如有違而無過，大人溺於動俗，執路據於居言，衡石

由之失叙。隨閣者可復矣。……今自非元功國老。三司上才。可聽七十致仕。……其不及七十。可聽從養。……其歷試無績。依古經自不仕。……於小而不於大。可降其職從小。……下人每心進趨。上宜以退讓表其者。退讓不可以刑罰使。莫若聽朝士時時從志。山林往往之者出。使乃於不於後出。往於不於後反(五十九上)

又束晳傳。與兄璆俱知名。……璆娶石鑒從女。棄之。鑒以為憾。諷州郡公府不得辟。故晳等久不得調。(百五卷)石鑒卒。王戎乃辟璆。華也。張華召晳為掾。(五一上)

又王接傳。永寧初。舉秀才。友人滎陽潘滔遺接書曰。摯虞卞玄仁……

並語至下，應和嘉味。可以無應秀才以接採書曰。今世之衰。

將遂衰亂而微智之士，鉗口韜筆。禍敗日深，如火之燎原，其可救乎。非獨斯門，形極陳所見。每有賞擇，其是歲三五群策董帝

除官。以國有大慶，天下秀才一皆不試。擇而當之。（宜一作）

又郤詵傳：泰始中，詔天下舉賢良直言之士。太守文立舉詵應選。

詔曰：……詵對曰：……今之官者，父兄營之，親戚助之。有人事

則通，無人事則塞。……當前可稱，日在至遷職，失在於時，協動以

要之也。動則爭競，爭競則朋黨，朋黨則誣誷，誣誷則臧否失實，

真偽相冒，主聽用惑。……故使之靜，雖曰高枕，而人自正；不

其擊動，雖復夙夜，猶不一也。晉今一世，宜其與窮累郡門矣。

朝廷不責賢。正路塞矣。……所謂責賢。使之相舉也。所謂擇舉。使之相保也。賢不舉則有咎。保不信則有罰。……今則不然。世之悠之。故不自取辨耳。將其材行。並不可知。於是則務事修競。於私則汙穢狼藉。自頃長吏。兼多此累。有亡命而被錄縣者矣。有縛束而縱劫者矣。贊部厲信。不知誰付之也。獸兕出檻。不知誰可咎也。網漏吞舟。何以過此。人之於利。如蹈水火。前人雖敗。後人復起。彼此無已。誰止之者。風流日競。誰憂之者。將今暨見。勞於風塵。所使為政。恒自此廢。聖世仁義皆平。而傷何之法耳。（宣應）

又袁甫傳。甫詣中領軍何勖。自言能為劇縣。勖曰。唯欲宰縣。不為

甚閒暇。何也。肅曰。人各自能長於。……吳書之。陸抗傳注。晉

二述

又江統傳。東海王越為兗州牧。以統為別駕。委以州事。與統書曰。昔王子師為豫州。未下車辟荀慈明。下車辟孔文舉。貴州人士有堪應此舉者不。統舉高平郗鑒為賢良。陳留阮脩為直言。濟北程收為方正。時以為知人。（晉五六）

又馬隆傳。泰始中。將興伐吳之役。下詔曰。吳會未平。宜得猛士。以濟武功。雖舊有薦舉之法。未足以盡殊才。其普告州郡。有壯勇秀異。才力傑出者。以名聞。將簡其尤異。擢而用之。苟有其人。勿限所取。兗州舉隆才堪良將。（五七）

又李含傳：隴西狄道人也。僑居始平。……兩郡並舉孝廉。安定皇

甫商，州里年少，少恃豪族，以含門寒微，欲與之交，含距而不納。

商恨焉，遂諷州以短檄召含為門亭長。會州刺史郭奕素聞其

賢，下車擢含為別駕，遂處群僚之右。尋舉秀才，薦之公府。自太

[redacted]

又劉弘傳：時荊部守宰多闕，弘請補選，帝從之。弘乃敘功銓德，隨

才補授，甚為論者所稱。乃表曰：被中詔，敕臣隨資品選，補諸缺吏。

……朝廷以初雖有功，襄陽又是名郡，名器宜慎，不可授初，乃

以前東平太守夏侯陟為襄陽太守。餘並從之。陟，弘之婿也。弘

……乃表陟姻親，舊制不得相監。皮初之勳，宜見酬報。詔從之。

（呂与伯）

又陶侃傳：侃早孤貧。為縣吏。鄱陽孝廉范逵……曰：卿欲仕郡乎。侃曰：欲之。困於無津耳。逵過廬江太守張夔。稱美之。夔召為督郵。領樅陽令。有能名。遷主簿。……薦舉侃為孝廉。至洛陽。數詣張華。華初以遠人。不甚接遇。侃每往。神無忤色。華後與語。異之。除郎中。伏波將軍孫秀。以亡國支庶。府望不顯。中華人士恥為掾屬。以侃寒宦。召為舍人。（呂与上）

又鄧攸傳：孫趙性好閑人樓觀。有於蘇葉掃庭者。趙為之起屋宇。作器服。窮儒貴。費百金而不吝。（呂毛外）

又賀循傳……遷武康令。久不進。著作郎陸機上疏薦循曰：伏見武康令賀循。……又蒸陽令郭訥。……皆出自新邦。頗乏知己。居在遐外。志不自營。年時倏忽。而邈無階緒。實州黨愚智所為恨恨。臣等伏思臺選。所以使州之有人。非徒以均分顯路。惠及外州而已。誠以庶士殊風。四方異俗。壅隔之害。遠國益甚。乃以荊揚二州。戶各數十萬。今揚州無郎。而荊州江南乃無一人為京城職者。誠非聖朝待四方之本心。……（晉六八）

又甘卓傳。中興初。以邊寇未靜。學校陵遲。特聽不試孝廉。而秀才猶依舊策試。卓上疏。以為答問損益。當須博古通今。明達政體。必求諸墳索。乃堪其舉。臣所忝州。（時為湘州刺史）往遭寇亂。學校久替。人士流播。不得比之餘州。策試之由。當藉學功。謂宜同孝廉例。

中興期限。疏奏，詔議不許。卓於是精加隱括，備禮舉桂陽谷儉爲秀才。儉辭不獲命，州厚禮遣之。諸州秀才聞當考試，皆憚不行。惟儉一人到臺，遂不復策試。儉恥其州少士，乃表求試，以高第除中郎。儉少有志行，苦自立。博涉經史。于時南土凋荒，經籍道息。儉不能遠求師友，惟在家研精。雖所得實深，未有名譽。又恥衒耀取達，遂歸，終身不仕，卒於家。（七十上）

天姿遠悟」……上疏曰：……選官用人，不料實德，惟在白望，不求才幹。鄉黨道廢，清議不行。有德而無力者退，修計而有助者進。稱職以違俗見譏，虛資以從容見貴。是以公正道虧，私塗日開。彊弱相陵，冤枉不理。今當官者以理事爲俗吏，奉法爲苛刻，盡

禮部擇賢者高揚。務崇達士。體貌高雅此三者也。世
所謂三者也。公請加其才。於其謙敏其形體見機遇。潘岳泥滓時
所謂三書也。王潘所以經綸論義其實。淵博發達。仕不輟官。舉
者附風翻飛常進。使無人。則方面圖擇直而歸……是以常
第未整風俗倫者。……不終其進階以審對者。……但未可以
而驀進也。……薛播歷識詘難。而今先授不試。去適其難哉。三府
由也。求才急於瓊瑰。用則先於記實。無由令行。禁止。聯其遠隣。
……今觀史傳史事其於所錄。無以事為日慶。為而無以擇稱。
……宜擇賢良於清鑒。聘賢分於上國。……（七一頁）
不陳顯倖。顯與王筆者也。中華所以傾覆。四海所以土崩也。正以

取才失所。先白望而後實事。浮競驅馳。互相貢薦。言重者先顯。言輕者後敘。遂相波扇。乃至陵遲。加有莊老之俗。傾惑朝廷。養望者為弘雅。政事者為俗人。王職不恤。法物墜喪。……今宜改張。明賞信罰。（七一頵）

又建興初。制版補録事參軍。參佐掾屬。多設辭故。以避事任。頵議謂僚屬承昔西臺養望餘弊。小心恭肅。更以為俗。偃蹇倨慢。以為優雅。至今朝士縱誕。臨事遊行。漸弊不革。以至傾國。……自今臨使稱疾。須催乃行者。皆免官。（七一頵）

又初趙王倫篡位。三王起義。制己亥格。其後論功。雖小亦皆依用。頵……駁之曰。……此自一切之法。非常倫之格也。其起義以未。倘格雜擾，遣人爲僕，或加兵伍，或出卑僕……宜停之。

又……因陳時務，以爲昔江都初平，中州荒亂，故貢舉不試，宜漸循舊。搜擢隱逸，試以經策……宜五等者略依得率地，言閱核試。盡其所能，然後隨才擢任……宜引幽滯之儁，抑華校實。（七一六下）

又范甯傳……又陳時政曰：……凡庠序斅飭，儆誡成俗。謂宜驗其鄉黨，考其業尚，試其能否，然後升進。（七五，21下）

又蔡謨傳（不必見）……賦斂重頓……而政相攝，以東曹掾史案省格量。及居選官，而進之徒，望風畏憚。（七七，下）

又諸葛恢傳……因第曰：今天下喪亂，風俗陵遲，宜崇……教義……。

類。進史官，遷[illegible]華。帝之（帝）深納焉。（七七上）

又孔愉傳：坦（侃之子）。愉從子。遷尚書郎。時臺郎初到，普加策試。帝手策問（元帝）

曰：吳興徐馥為賊，殺郡將。郡今應舉孝廉（不）。坦對曰：四罪不相

及。殛鯀而興禹。徐馥為逆，何妨一郡之賢。又問：姦臣賊子弒君，

汙宮瀦宅，莫大之惡也。鄉舊廢四科之選，今何所依？坦曰：季平

子逐魯昭公，豈可廢仲尼也。竟不能屈。（七八上）

又先是以兵亂之後，務存慰悅，遠方秀孝，到不策試，普加除署。至

是，帝申明舊制，皆令試經，有不中科，刺史、太守免官。太興三年，

秀孝多不敢行，其有到者，並託疾。帝欲除署孝廉，而秀才如前

制。坦奏議曰：……古者且耕且學，三年而通一經，以平康之世。

猶假漸漬。積以日月。自喪亂以來。十有餘年。干戈載揚。俎豆斯
廢。家廢講誦。國闕庠序。率爾責試。竊以為疑。然宣下以來。涉歷
三載。累遇慶會。遂未一試。揚州諸郡。接近京都。懼累君父。多
不敢行。其遠州邊郡。掩誣朝廷。冀於不試。冒昧來赴。既到審試。
遂不敢會。臣愚以為不會與不行。其為闕也[redacted]同。若當偏加除罰。
是為國法，筆寡者失分。使僥倖投射者得官。……王命無貳。憲制
宜信。去年察舉。一皆策試。如不能試。可不拘到。遣歸不署。又秀
才雖以事策。亦汎問經義。苟所未學。實難闇通。不足復碎乖
例。逮舊選舉。謂實因其不會。徐更革制。可申明前下。當修學校。
普延五年。以展講習。……帝納焉。聽孝廉申至七年。秀才如故。

（六八頁）

又虞預傳：餘姚風俗，各有朋黨。宗人共薦預爲功曹，欲使沙汰穢濁。預書與其從叔父曰：……部黨互瞻，異同蜂至，一旦差跌，衆鼓交鳴，毀譽一失，差以千里。此古人之明戒，而預所大恐也。卒以預言，未半年，遂見斥退。（六九頁）

又耆方傳：處方異舉，除高山令。……在官三年，以常秀才。（六九頁）

又忠義傳：沈勁。……年三十餘，以刑家不得仕進。郡將王胡之深異之。及遷平北將軍、司州刺史，將鎮洛陽，上疏曰：……勁父充，昔罹逆罪，先絕大門，蒙恩曠蕩，不審可得特垂沛然，許臣所上不？詔許之。（六九頁）

又儒林傳文立：泰始初，拜濟陰太守。入為太子中庶子。上疏請以諸葛亮蔣琬費禕等子孫。流徙中畿。宜見敘用。一以慰巴蜀之心。其次傾吳人之望。事皆施行。詔曰。……昔光武平隴蜀。皆收其賢才以敘之。蓋所以拔幽滯而濟殊方也。其以立為散騎常侍。（九五上）

又文苑傳王沈出於寒素。不能隨俗沈浮。為時豪所抑。仕郡文學掾。鬱鬱不得志。乃作釋時論。……賤有常辱。貴有常榮。……劉皆守之事一死病。榮達之嘉紀。……凡茲懷之。……貴人安息。於已。恆寬。德無厚而自貴。位未高而自尊。……忌惡君子。悅媚小人。敖蔑道素。懾吁權門。心以利傾。智以勢惑。姻黨相扇。毀譽交

綫。青甫述於所愛。積患於所聞。多見其……。有士千儀。廉集勢
門。求友賢識。……元康初。於張全吳郡……陸孫舊論。與林時
袁宏傳。……其墓不歆其處。（九二）
又外戚傳。王蘊遷尚書吏部郎。性平和。不抑寒素。每一官缺。求
者十輩。蘊無所是非。時簡文帝爲會稽王。輔政。蘊輒連狀白之。
曰。某人有地。某人有才。務存進達。各隨其方。故不得者無怨焉。
（九三）
又桓溫傳。平蜀。停蜀三旬。舉賢旌善。僞尚書僕射王誓。中書監王
瑜。鎮東將軍鄧定。散騎常侍常璩等。皆蜀之良也。並以爲參軍。百
姓咸悅。（九八）

又上疏陳便宜七事。其一，明靈寶同。私議協膳。宜抑杜浮競，莫使

孔坦傳（見八上）

又石勒載記：始立秀孝試經之制。（石勒上）

又李雄載記……設明安定，舉賢務名，以得英秀。無枉相讓

誅。……雄追獎勵之。（見上）

又慕容皝載記……封裕……曰。……庠序有勇士之倫。朝亞九

品之選。二者孰重。而可得聞。（見上）

宋書武帝紀：義熙七年，先是諸州郡所遣秀才孝廉，多非其人。公

表天子，申明舊制，依舊策試。（同上）

又：永初二年二月己丑，車駕幸延賢堂，策試諸州郡秀才孝廉。揚

州秀才廢錬。豫州秀才殷朗。所撰箱旨。並以爲著作佐郎。（三卄）

宋书孝武帝紀孝建二年九月庚戌。詔曰。……在朕受命以前。凡以皋徒放。坐贓遝奔。犯釁之門。尚有存者。子弟可隨才署吏。（宋）

（卄下）

宋书百官志。魏晋以來。光祿勳……無復三署郎。……渡東京。三署郎有行應四科者。歲舉茂才二人。四行二人。及三署郎雖有。光祿勳猶依舊舉四行。衣冠子弟充之。三署省。亦省左署右署也。若置中郎將。以司之。郡舉孝廉。以補三署郎。年五十已上爲五官。其次分在左右署。凡有中郎議郎侍郎郎中等。無定員。多至萬人。（四九卄）

左中郎將。右中郎將。秦官。漢因之。與五官中郎

40

將領三署郎。魏無三署郎。猶置其職。晉武帝有。宋世祖大明中又置。(同上注)

又魏武爲相。以韓浩爲護軍。史奐爲領軍。非漢官也。建安十二年。改護軍爲中護軍。領軍爲中領軍。置長史司馬。魏初因置護軍。主武官選。隸領軍。晉世則不隸也。(同上注)

又刺史官屬。……功曹書佐一人。主選用。孝經師一人。主試經……〻漢制也。今有……別駕、西曹。主吏及選舉事。……西曹。即漢〻功曹書佐也。……漢武元封四年。令諸州歲舉秀才一人。〻漢避光武諱改茂才。魏復曰秀才。晉江左。揚州歲舉二人。諸州舉一人。或三歲一人。隨州大小。並有舉第。(同上注)

大郡守宋大祖元嘉四年。後置郡官屬。略如公府。無东西曹。有功曹史。主選舉。、、魏初史制口十萬以上歲一人。孝廉有秀異不拘户口。江左以丹陽吴會稽吴興並大郡。歲各舉二人。(四五上)

宋书臧燾徐廣傅隆傳史臣曰。、、、漢世登士。閭黨爲先。崇本務學。不尚浮詭。、、、是故仕以學成。不由義立。自魏氏膺命。主爱雕蟲。家棄章句。人重異術。又選賢進士。不本鄉閭。銓衡之寄。任歸臺閣。以一人之耳目。究山川之險情。賢否僞然。莫不直一。由是仕凴借譽。學非爲己。崇詭遇之巧速。鄙税駕之遲難。士自此委質枯經。名位所[redacted]積。早往晏退。以取世資。[redacted]——自黄初至于晉末。百餘年中。儒教盡矣。、、、(五五上)

宋書蔡廓傳：徵為吏部尚書。廓因北地傅隆問亮，（傳亮　中書令）選事若悉以見付，不論；不然，不拜。亮以語錄尚書徐羨之，羨之曰：「黃門郎以下，悉以委蔡，吾徒不復厝懷；自此以上，故宜共參同異。」廓曰：「我不能為徐干木署紙尾也。」遂不拜。干木，羨之小字也。選案黃紙，錄尚書與吏部尚書連名，故廓云署紙尾也。[illegible]

少子興宗傳：遷為尚書吏部郎。時為尚書何偃疾患，上（世）祖語興宗曰：「卿詳練清濁，今以選事相付，便可開門當之，無所讓也。」[illegible]

為右衛將軍……掌吏部……前廢帝即位。……義恭錄尚書事，受遺輔政。……而引身避事，政歸近習。越騎校尉戴法興、中書舍人巢尚之專制朝權，威行遠近。興宗……每至上朝，輒與令錄以下陳列

蔡廓　南史

登賢進士之意……興宗每陳選事，法興、尚之等輒點定回換。……由是大忤義恭及法興等。出興宗吳郡太守，固辭郡，執政愈怒。又轉爲新安王子鸞撫軍司馬——南東海太守，行南徐州事。又不行。苦求益州。義恭於是大怒，上表曰。……除興宗新昌大守。郡屬交州。……(五七上)(五九下)

宋書謝弘微傳：晉世名家，身有國封者。起家多拜員外散騎侍郎。

(五八上)南史附密字 弘微(廿下)

又江智淵傳：元嘉末。除尚書庫部郎。時高流官序。不爲臺郎。智淵門孤援寡。獨有此選。意甚不說。固辭不肯拜。(五九上)

又王華傳：上文帝即位。……會稽孔寧子……爲黃門侍郎。……寧子先爲高祖太尉主簿。陳損益曰。……至於使天朝四品官。外及守牧。各舉一人。堪爲二千石長吏者。以付選官。隨缺敘用。得賢受賞。失舉任罰。……（宋三五）

又殷景仁傳。初爲劉毅後軍參軍。高祖太尉行參軍。建議宜令百官舉才。以所薦得否爲黜陟。（宋六三）

又周朗傳。世祖即位。……普責百官讜言。朗上書曰。……爲縣不得復用恩家之貧。爲郡不得復選勢族之老。大至僅識未堪務不應獲仕。須合冠而啟官。材政而儀爵。……凡天下所須者才。而才誠難知也。有深居而言寡。則蘊學而無由知。有卑處而事隔。則懷奇而無由進。或復見忌於親故。或卑占黃陵於貴黨。……

若出孝廉清之時，擢正悌柔之倫，離以檢格立，不可須臾忘，宜使鄉部求其行，守宰察其材。……又俗於以毀沉人，不知察其所以致毀，以譽進人，不知測其所以致譽。毀徒有鄙，則宜擢其毀者；譽雖出庸，則宜退其譽者。知此，則毀譽不妄，善惡分矣。夫既有之才，則不宜以階級限，不應以年齒齊。凡貴者好輕人也，不知其少於人矣；言者亦輕人少，不知其反少矣。（以上）

宋書謝莊傳：于時孝建，拔才路隘，莊乃上表陳求賢之意曰：……九服之曠，九流之雜，提鈞懸衡，委之選部，一人之鑒易限，而天下之才難原，以易限之鑒，鏡難原之才，使國罔遺授，野無滯器，其可得乎？……宜普命大臣，各舉所知，以付尚書，依分銓用。若任得其才，舉②主

延賞有不積職，宜及其生者免黜，程者居遷，被舉之身加以
罪錮，年數多少，隨經議劾，若犯大罪，則任者刑論。又政平訟理，
莫先親民，〻〻〻要，最是守宰。……今蒞民之職，自非公私必
應代換者，宜遵六年之制，……有訟荐裁，此可付外詳議。
孝建以來，皆易之，撫人以三周為滿，宋之善政，於是乎衰。
宋書謝莊傳：上時親覽朝政，常慮權移臣下，以吏部尚書選舉所
由，欲輕其勢力。二年，下詔曰：……中十不之議，當擢品之議，
沈淪自闕，庸可致乎。吏部尚書可依郎分置，并詳省閑曹。又別
詔太宰江夏王義恭曰：少選詔出，和在朝論者，亦有同異，謀和
循常甚易，改舊生難。但吏部尚書由來與錄共選，良以一人之

識不蒞治通。蓋與奪威權。不宜專一故也。常以選曹尚書敘後來
者。有銓衡之職。求聘俊民。自此選舉之要。雖無元凱之才。……於
是置吏部尚書二人。有五兵尚書。……（宋五下　選廿七上）南史
孔覬傳。初晉世散騎常侍選望甚重。與侍中不異。其後職任閒
散。用人漸輕。孝建三年。世祖欲重其選。詔曰……宜簡授時良。
永寘清徹。於是吏部尚書顧覬奏……覬……王彧[redacted]……並
任爲散騎常侍。世祖不欲威權在下。其後分吏部尚書置二人。
以輕其任。侍中蔡興宗謂人曰。選曹要重。常侍閑淡。改之以名
而不以實。雖主意欲爲輕重。人心豈可變邪。既而常侍之選復
卑。選部之貴不異。（宋五七　選廿上）

宋书袁粲传：又擢扬州秀才（卷八九）
又古昫……三第，出纳山阴民丁彖文货，举为会稽郡孝廉，免官。
（卷九十）
宋书孝义传郭世通，会稽永兴人也。……太守孟顗察孝廉，不就。
（卷九十一）子原平。……[redacted]太守王僧朗察孝廉，不就。……
[illegible]
会稽七年，兴宗太守蔡兴宗以山阴孔仲智长子为望计，原平次
宜为望孝。仲智会土高门，原平一郡至行，以相敌，会太宗别
敕用人，故二选并寝。（止）吴逵，吴兴乌程人也。……太守王韶
之擢补功曹史，逵以门寒，固辞不受，举为孝廉。（止）潘综，吴兴
乌程人也。……综乡人秘书监丘继祖，廷尉沈赤黔，以综异行，

府補右民長史。除遂昌長。歲滿還家。太守王韶之臨郡。發教前
被符。孝廉之選。必審其人。雖四科難該。文質寡備。必能孝義邁
俗。拔萃著聞者。便足以顯應明敭。允將符旨。烏程潘綜……烏
程吳逵……可並察孝廉。若列上州臺。陳其行跡。及將別。設祖
道。贈以四言詩。……廷 徐耕元嘉二十一年。大旱民飢。耕詣
縣陳辭。……今以千斛助官振貸。……詔書褒美。酬以縣令。
廷 孫法宗世祖初。揚州辟爲文學從事。不就。廷 孫棘世祖
宋 大明五年。發三五丁。弟薩應充行。坐違期不至。依制軍法人身
付獄。……棘詣郡。……乞以身代薩。薩又辭列。……世祖詔中。
棘薩比隸。節行可甄。特原罪。州加辟命。廷 廷 史臣曰。漢世士務

修治身。故忠孝成俗。至於乘軒服冕。非此莫由。晉宋以來。風[redacted]衰
義缺。刻身厲行。事薄膏腴。若使孝立閨庭。忠被史策。多發溝畎之
中。非出衣簪之下。……（孔上）　南史 七の7上

宋書隱逸傳。宗炳。刺史殷仲堪桓玄並辟主簿。舉秀才。不就。（六三之2上）
又宗存郎……有高成相……郡民王孚。有學業志行。見稱州里。
郎莊任未嘗兩字卒。郎曠以孝廉。（百8上）
宋書武帝紀永初四年正月辛卯。車駕幸中堂。策秀才。（三4上）
又鬱林王紀永明十一年八月辛丑。詔曰。往歲蠻虜協謀。志擾邊
服。兩帥授略。方鎮出醜。萬城克捷。及舞陰固守。二處勞人。未有
沾爵賞者。可分遣選部。往彼序用。（四4上）

齊書王琨傳：孝建中為吏部郎。吏曹選局，貴要多所屬請。琨自公卿下至士大夫，例為用兩門生。江夏王義恭嘗屬琨用二人，後復遣屬。琨答不許。（卅二上）南史廿三上

又王僧虔傳：選御史中丞。……甲族由來多不居憲臺。王氏分枝居烏衣者，位宦微減。僧虔為此官，乃曰：此是烏衣諸郎坐處，我亦可試為耳。（卅三上）

又謝超宗傳：建元……三年。都令史駱宰議策秀才考格。五問並得為上，四三為中，二為下，一不合與第。超宗議……（省）非患對不盡問，患以恒文弗奇。必使一通峻正，寧劣五通而常。與其俱奇，必使一亦宜采。詔從宰議。（卅六上）南史十九9下

梁書武帝紀：齊和帝中興二年（即天監元年）高祖上表曰。……馳騖成
俗，媒孽奔競。利盡錐刀，遂使官人之門，肩摩轂擊。……良由鄉
舉里選，不師古始。稱肉度骨，遺之管庫。加以山河梁畢。闕輿徵
之恩。金張許史，忘舊業之替。……譜諜譌誤。詐偽多緒。人物雅
俗，莫肯留心。是以冒襲良家。即成冠族。妄修邊幅，便為雅士。負
俗深累。遽遭寵擢。墓木已拱，方被徽榮。故前代選官。皆立選簿。
應在貫魚。自有銓次。胄籍升降。行能臧否。或素定懷抱。或得之
餘論。故得簡通賓客。無事掃門。頃代陵夷。九流乖失。其有勇退
忘進。懷質抱真者。選部或以未經朝謁。難於進用。或有晦善藏
聲。自埋衡蓽。又以名不素著。絕其階緒。必須畫刺投狀。然後彈

冠。則是驅迫庸才，穿成澆競。愚請自今選曹宜精隱括，依舊立

簿，使冠屨無爽，名實不違。庶人識涯涘，造請自息。且聞中閒立

格，甲族以二十登仕，後門以過立試吏。——是則世祿之家，無

意爲善。布衣之士，肆心爲惡。——且俗長浮競，人寡退情，若限

歲登朝，必增年就宦。——詔依高祖表施行。止（一）此述　南史六上

梁書武帝紀天監四年正月癸卯朔，詔曰：今九流常選，年未三十，

不通一經，不得解褐。若有才同甘顏，勿限年次。止（二）此述　南史六上

大五年四月丁卯朔，詔：時在昔周漢，取士方國，頃代凋訛，幽仄罕

被。人地擁絕，用隔聽覽，士操淪胥，因茲靡勸。——凡諸郡國，宜

族。邦內無在位者，選官搜括，使郡有一人。止（二）此述　南史六上

梁書武帝紀天監七年二月庚午。詔於州郡縣置州望郡宗鄉豪

各一人。專掌搜薦。（二仕逸六　南史同下）

又[redacted]楊公則傳湘俗單家以賄求州職。公則至

悉斷之。所辟引皆州郡著姓。高祖（武帝）班下諸州。以為法。公則為湘州刺史

（卅仕逸五五　南史同下）

又任昉傳昉好交結。獎進士友。得其延譽者。多見升擢。故衣冠貴

遊。莫不爭與交好。坐上賓客。恒有數十。時人慕之。號曰任君。言

如漢之三君也。（昉不治生產。至乃居無室宅。世或譏其多乞貸。亦隨復散之親故）初昉立於士大夫間。多所汲引。有善己者則

厚其聲名。及卒。諸子皆幼。人罕贍卹之。平原劉孝標為著論曰

～～～是曰勢交。其流一也。～～～是曰賄交。其流二也。～～～是曰

談交，其流三也。……是曰窮交，其流四也。……是曰量交，其流五也。（十四上）案以其延譽者多於權，是勢交也。既頗賄倡其聲價，上下翦拂，使之長鳴，勢交復交，蓋有為一談矣。善己者厚其聲名，不善者將如何？其為量也，亦亦審乎己價於人敵之觀哉？豈權宗族，交游甚廣，寧無窮之經，窮之情，謂非脩交而可以也。獨窮交者，當為廣附之於魏，其之於權，孟若並非防所於為放死而[redacted]莫之恤耳。凡斯五交，義同賈鬻，流派雖異，其歸則同。利盡交疏，亦固其所。不及當利之節，各論而責世路之險巇可矣。

梁書江淹任昉傳。陳吏部尚書姚察曰：觀夫二漢求賢，率先經術；近世取人，多由文史。（十四上）南史五九下梁書王亮傳：建武末，為吏部尚書。是時尚書右僕射江祏管朝政，多所進拔，為士子所歸。亮自以身居選部，每持異議……及祏遇誅，羣小放命，凡所除拜，悉由內寵，亮弗能止。外若詳審，內無明鑒，其所選用，拘資次而已，當時不謂為能。按史言始亮未為吏部郎時，以祏帝之內弟，故深友祏，祏為之延譽，益為帝所器重。至是與祏攜之，然初則亮與祏交頗篤，係倚亦深，而祏所引用，亮封異議，外非隨波逐流。內寵除拜，亮弗能止，毋寧力所不及。其選用之拘資次，蓋亦有難免者，以是拒謚求其所謂無明鑒也。

又亮傳……出為吳興太守。……下車存問遵古，引其子故

〃〃右職（十六上）

梁書宗夬傳稱冠峯郢州秀才。（十九上）

又陳伯之傳河南褚緭〃〃〃高祖即位。緭頻造尚書范雲。〃不好緭。堅拒之。緭益怒。私語所知曰。建武以後。草澤底下。悉化成貴人。[redacted]吾何罪而見棄。（二十上）

又王泰傳徵掌吏部郎事。〃〃〃遷掌吏部尚何敬俄即真。自過江。吏部郎不復典大選。令史以下小人、求競者輻湊。前後少能稱職。泰為之。不通關求。吏先至者即補。不為貴賤請屬易意。天下稱平。（卅一下）南史廿九上

又大祖五王傳安成康王秀。天監（[illegible]年）出為〃〃〃江州刺史。〃〃〃及至

州。閱前刺史取徵士陶潛爲王弘。表稱曰。陶潛之德。宜可

本[redacted]反開也。即日辭爲西曹。（四二頁）南史五二作

梁書蕭昱傳。（高祖從父弟）因求[redacted]不遂。表辭黃門侍郎。高祖手詔答

曰。蕭璋玄玉見子章與二人。並有名宗室。欲則習吏事。不爲遠宰

爲平陰令。與爲縣氏宰。政事有称。方遷郡守。（四四頁）

又徐勉傳。在選曹撰選品五卷。（四五頁）

又張緬傳。起家秘書郎。出爲淮南太守。時年十八。（四の上）纘緬弟

第也。……纘年十一。尚高祖第の女富陽公主。……起家秘

書郎。時年十七。……秘書郎有の員。宋齊以來。爲甲族起家之……

選。待次入補。其居職。例數十百日便遷任。纘固求不徙。欲遍觀

三

閣內圖籍。（ ）紕繆。方遷太子舍人。（卅四下）南史 五六下

梁書張纘傳：大同二年。徵為吏部尚書。纘居選。其後門寒素。有一介。皆見引拔。不為貴要屈意。人士翕然稱之。（卅四上）

又朱异傳：舊制。年二十五。方得釋褐。時异適二十一。特敕擢為揚州議曹從事史。（卅八上）南史 六二 卅上

又王承傳：時膏腴貴遊。咸以文學相尚。罕以經術為業。惟承獨好之。發言吐論。造次儒者。（四一下）

又蕭介傳：從兄洽。齊敬帝時為國子生。舉明經。（四一上）

初為國子明經生。（四二上）傅岐傳

儒林傳：賀瑒。為國子生。舉明經。（四八上）

梁書孝行傳：沈崇傃。郡縣舉其至孝。高祖聞。即遣中書舍人慰勉

之。乃下詔……可使令除拜。自以初行表稍不備，後擢補太子
以葬後吏治服三年
洗馬。(同上) 荀匠居父憂，并兄服，歷四年不出廬戶。……郡縣
以狀言。高祖詔遣中書舍人為其除服，擢為豫章王國左常侍。
吉翂代父命。……丹陽尹王志求其在廷尉故事，并請鄉
居，於歲首舉充純孝之選。……拒之而止。年十七，應辟為本
州主簿。(梁延之) 甄恬，州將始興王憺表其行狀，詔曰：可旌表宅廬。
加以爵位。(梁延之) 劉曇淨，會有詔士姓各舉四科，曇淨叔父慧斐舉
以孝行。高祖用為海寧令。(延) 庾沙彌，族兄都官尚書詠表言
其狀，應純孝之舉。高祖召見，嘉之。以補歙令。(梁延之)
梁書孝行 何炯，年十九，解褐揚州主簿，舉秀才。(同上 梁延之)

梁書孝行傳：謝藺，吏部尚書蕭子顯表其至行，擢爲王府法曹行參軍。此（四七上）　南史七四上

又文學傳：鍾嶸舉本州秀才。（四九上）

又天監初……嶸上言曰：永元肇亂，坐弄天爵，勳非即戎，官以賄就。揮一金而取九列，寄片札以招六校，騎都塞市，郎將填街。服既纓組，尚爲臧獲之事；職惟黃散，猶躬胥徒之役。名實淆紊，茲焉莫甚。臣愚謂軍官是素族士人，自有清貫，而因斯受爵，一宜削除，以懲僥競。若吏姓寒人，聽極其門品，不當因軍，遂濫清級。若僑雜傖楚，應在綏附，正宜嚴斷祿力，絕其妨正，直乞虛號而已。下……敕付尚書行之。此（四九下）　南史七二上

梁書文學傳高爽齊永明中。贈衛軍王儉詩。為儉所賞。及爲丹陽
尹。舉爽郡孝廉。（四九　廿上）

又[illegible]傳曰遷……為……書序令。……高祖聞其材。擢為宣城
太學。自[illegible]為學識大郎。近代以來未之有也。（卅三　6上）七十四上　南史

陳書虞荔傳荔幼聰敏。有志操。年九歲。隨從伯閬候太常陸倕。倕
問五經凡有十事。荔隨問摘（擿）對。無有遺失。倕甚異之。又嘗詣徵
士何胤。時太守衡陽王亦造之。胤言之於王。王欲見荔。荔曰。未
有板刺。無容拜謁。王以荔有高尚之志。雅相欽重。還郡。即辟為
主簿。荔又辭以年小不就。（卷十九　廿二）

又王瑒傳除吏部尚書。……瑒性寬和。及居選職。務在清靜。謹守

文學與科擧（廿三 2上）

陳書文學傳岑之敬年十六。策春秋左氏制旨孝經義，擢爲高第。御史奏曰：皇朝多士，例止明經。若顏閔之流，乃應高第。梁武帝省其策曰：何妨我復有顏閔邪。因召入面試，令之敬升講座，敕中書舍人朱异執孝經唱士孝章。武帝親自論難。之敬剖釋縱橫，應對如響。左右莫不嗟服。乃除童子奉車郎，賞賜優厚。（卅四上）南史 十二 10下

南史宋本紀武帝永初元年，其犯鄉論清議，贓汙淫盜，一皆蕩滌。（一 10下）

又明帝泰始二年三月癸卯，令人入米七百石者除郡，減此各有差。（三 10下）

南史宋本紀：連之之，其犯鄉論清議、贓汙淫盜，一皆蕩滌洗除，
除，與之更始。（一上）
又明帝紀：建武元年十一月，申明中。御史中丞陸澄表言：宜年登七
十始皆令校仕。蓋所謂私門。唐子。詔自晉律年及可一之遂明
七年以前銓敘之科。（四上）
又三年二月己巳，詔申明守長六周之制，考貢不川。（二上）
又張融傳：舉秀才，對策中第。（卅二上）
又荀伯子傳：伯子少好學，博覽經傳，而通率好為雜語，遨遊閭里。
故以此失清塗。（卅三上）
又裴昭明傳：元徽中，出為長沙郡丞。罷任，刺史王蘊之謂曰：卿清

竟。出之遠請。湘中人士。有自一稱之常材。猶不害也。明的日下
百余各郡。傳不材者。盡上府。直以鴻材之來。仰筆清風。（卅三）
南史何遜傳。弱冠州舉秀才。南鄉范雲見其對策。大相稱賞。因結
忘年交。謂所親曰。頃觀文人。質則過儒。麗則傷俗。其能含清濁
中今古。見之何生矣。（卅三）此傳梁書文學（四九）
又江湛傳。時吏部尚書……在選職。頗有刻覈之譏。而公平無私。
不受請謁。論者以此稱焉。（卅六）
又劉凱傳。年十五。舉茂才明經。對策。沈約任昉見而異之。（五十）
又江淹傳。詩舉南徐州秀才。對策上第。（五九）
又孔休源傳。州舉秀才。太尉徐孝嗣省其策。深善之。謂同坐曰。董

仲舒華令思何以尚此。可謂得之之準的也。觀此是稱王佐之
才。（卷廿七）

南史顧協傳初爲揚州議曹從事史舉秀才。尚書令沈約覽其策而
歎曰。江左以來。未有斯作。（卷六十二）

又伏挺傳舊薦之於帝。擢問協策。謂言三十有五。帝曰。北方高涼。四
十絕仕。南方寡陋。三十已嫩。欲擢便爾已老。但其事親孝與友
信。亦不可遺於草澤。卿便稱敕喚出。於是以協爲兼太學博士。
（卷六十二）

又徐陵傳天嘉六年。遷吏部尚書。陵以梁末以來
選授多失其所。於是提舉綱維。綜覈名實。時有冒進求官。歆競

不亡者。乃爲書宣示之曰。永定之時。聖朝草創。干戈未息。亦無條序。府庫空虛。賞賜懸乏。白銀難得。黃札易營。權以官階。代於錢絹。義在撫接。無計多少。致令員外常侍。路上比肩。諮議參軍。市中無數。豈是朝章。應其如此。今衣冠禮樂。日富年華。何可猶作舊意。非理望也。所見諸君。多踰本分。猶言大屈。未喻高懷。若問梁朝。朱領軍異亦爲卿相。此不踰其本分耶。比是天子所拔。非關選序。梁武帝云。世間人言有目色。我特不目色范悅。宋文帝亦云。人豈無運命。每有好官缺。輒憶羊玄保。此則清階顯職。不由選也。既忝衡流。諸賢深明鄙意。自是衆咸服焉。時論比之毛玠。（陳書徐陵傳）

南史虞寄傳：「弱冠舉秀才，對策高第。」（六九之下）

又循吏傳：「梁武……每選長吏，務簡廉平，皆召見於前，親勗政道。……又著令：小縣有能，遷為大縣令；大縣有能，遷為二千石。……」（七十之上）

又傅琰傳：「昇明中，遷益州刺史。自縣遷州，近世罕有。」岸山隱令（七十上）

又儒林傳：伏挺「辭本州舉秀才，對策為當時第一。梁武帝師至，挺迎謁於新林。帝見之甚悅，謂之顏子。引為征東行參軍。時年十八。」（七一之下）

又文學傳：鍾嶸「……言：明帝躬親細務，綱目亦密，於是郡縣及六署九府常行職事，莫不爭自啟聞，取決詔敕，文武勳舊皆不歸

遺韻。（七二下）

南史孝義傳師覺授。……宋臨川王義慶辟爲州祭酒、主簿，並不就。乃表薦之。（七三上）蔣恭。……見徵。……常求寧濟。……後除恭義成令，協義招令。（七三上）孫法宗。……宋孝武初，揚州辟爲文學從事。不就。（七三上）范叔孫。……宋孝武孝建初，除竟陵王國中軍。不就。（七三上）許昭先。……雍州刺史劉真道板爲征虜參軍。昭先以親老不就。補迎主簿。昭先以叔未仕，乃固辭。（七三下）余齊人。……太守許瑤令爲儒林。不就。（七三下）何子平。……揚州祖爲兗州，請爲文吏。不就。（七三下）王虛之。……吳興太守孫諧稱爲功曹。不就。（七三下）[illegible]……太守王僧虔引……爲功

曹。周壽不就（七四上）　韓協姓……州郡辟不就（孔）　劉巽

昭。……新野史胡華輝辟西王濬（陸）

魏書高宗紀和平三年十月，丙寅，詔曰：……夫三代之隆，莫不崇

尚年齒。今選舉之官，多不以次，令斑白處後，晚進居先，豈所謂

彝倫攸敘者也。諸曹選補，宜各先盡勞舊才能（高宗紀）

又顯祖紀和平六年九月丙午，詔曰：先朝以州牧親民，宜置良佐。

故敕有司，班九條之制，使前政選吏，以待俊乂。必謂銓衡允衷，

朝綱應敘。然牧司寬惰，不祗憲旨，舉非其人，愆於典度。今制：刺

史守宰到官之日，仰自舉民望忠信，以為選官，不聽前政共相

干冒。若簡任失所，以罔上論（顯祖紀）

魏書高祖紀：延興二年六月，丙申，詔曰：頃者州郡選貢，多不以實。……今年貢舉，尤爲猥濫。自今所遣，皆門盡州郡[redacted]之高，才極鄉閭之選。（七上四上）十二月，庚戌，詔曰：……頃者已來，官以勞升，未久而代，牧守無恤民之心，競爲聚斂，送故迎新，相屬於路，非所以固民志、隆治道也。自今牧守溫仁清儉、克己奉公者，可久於其任，歲積有成，遷位一級。其有貪殘非道，侵削黎庶者，雖在官甫爾，必加黜罰，著之於令，永爲彝準。（七上四上）又太和十五年八月乙亥，詔議孝秀才先盡才學。（七下十四）十六年正月戊辰，帝臨思義殿，策問秀孝。（七下十七）七月，壬戌，詔曰：……自今選舉，每以季月，本曹與吏部銓簡。（十七下）

魏書高祖紀大和十九年十月辛酉詔曰諸有士庶經行修敏，文思遒逸，才長吏治，堪幹政事者，以時發遣。壬戌詔諸州牧，精品屬官，考其得失，為三等之科，以聞，將親覽而升降焉。（七下 8頁）

十有二月，乙未朔，引見群臣於光極堂，宣示品令，為大選之始。

二十年三月丁丑，詔諸郡中正，各舉其鄉之民望，年五十以上，守素衡門者，授以令長。（七下 8頁）

又世宗紀正始二年四月乙丑，詔曰：……中正所銓，但存門第，吏部彝倫，仍不才舉，遂使英德罕昇，司務多濫。……八座可審議往代貢士之方，擢賢之體，必令才學並申，資望兼致。（八頁）

又延昌二年十有二月，詔曰：五等諸侯，比無選式。其同姓者出身，次五上和。侯從六上。伯從六下。子五七上。男五七下。累據七和。
次從七上。侯從七下。伯五八上。子五八和。男從八上。累從八和。
次從八和。侯五九上。伯五九和。子從九上。男從九和。可依此類
可知。（卷八十）
魏書肅宗紀熙平元年二月癸亥。初詔秀才對策第居中上以上
敘之。（卷九）
又二年八月乙亥。詔曰。……年來甲子。不識入仕。詔曰。……雜
帝亂舊格。執選暫監。而格沿居集膺。中請衝門。以請曹爾臧
族屬王室。比之。今可依此追之。敘之別位。（卷九）
又正光四年十二月辛亥。詔曰。……今歷傳之中。或年近緣東。循補

宜退。但少壯其力。衰暮其用。言念勤舊。眷然未忘。東戴白在職。

素當知任。或傳私屬紀。兩受考級。以此之徒。積階七十。致其在位。

民。以紓常限。或新附邦。或與郡佐始停。已滿七十。方求更啟者。

吏部可依令而奏。其有高名俊德。老成髦士。灼然顯達。爲時所知

知也。不拘階例。若才非秀異。見在散官。依令合解者。可給本官

軍祿。以終其身。〔注6〕

又孝昌三年二月丁丑詔曰……凡有能輸粟入瀛定岐雍四州者。

官斗二百斛賞一階。入二華州者。五百石賞一階。不限多少。粟

畢授官。〔注〕

又武泰元年四月大赦詔：立皇孫城陵……其劉凡嚴居住。

兼知院事。……清河崔鋼，亦兼領隊。……」(九四)

魏書廢帝紀：「中興元年……十有一月丁酉，己巳，拔之。……多譚

徒。……詔諸軍征伐，隨在影從，諸王等所擾，一一討首虜將士

遷。四人者，號稱羅從軍跡。……八校檢覆年者功，追用平民，給予禁

錮。」(甲一五)

又肅宗紀：熙平二年正月戊申，詔以長吏七年不稱才者兩免。」

(十二之21)

又景穆十二王傳：任城王雲子澄，從幸鄴宮，除吏部尚書。及車駕北巡，留澄銓簡舊臣。初魏自公侯以下迄于選臣，動有萬數，冗散無事。澄品為三等，量其優劣，盡其能否之用，咸無怨者。」(甲

九中卅
又御史中尉東平王匡。奏請取景明之年以來。內外考簿。吏部除
書。中兵勳案。并諸殿最。欲以案校竊階盜官之人。靈太后許之。澄
表曰。……竊惟景明之初。暨永平之末。內外羣官。三經考課。遠
延昌之始。方加黜陟。五品以上。引之朝堂。親決聖目。六品以下。
例由勅判。自世宗晏駕。大宥三行。所以蕩除故意。與物更始。革
世之事。方相窮覈。以臣愚見。謂爲不可。……又諸御史之體。風
聞是司。至於冒勳妄考。皆有處別。若一處有風謠。即應攝其一
簿。研覈虛實。若差殊不同。僞情自露。然後繩以典刑。人孰不服。
豈有移一省之案。取天下之簿。尋兩紀之事。窮革世之尤。如此

東還。詩惜其寃……靈太后納之，乃止。（十九中8上）

魏書崔祖虬（崔玄伯傳）：舉秀才，不就。（廿四11下）

房堅（見房法壽傳）字千秋……言於中正，高祖臨軒，令謝於中正，亦舉所知。千秋與郡中正陽尼，爭大和，高祖曰：當官一視名垂佳史。今有二實。嘗閱未儀。（四三6下）

又李沖傳：……是其親也，雅復欽禮，年五彭封有深，時論亦以此少之。（五三10上）

又蕭寶夤傳：及被帝賞南俊，貴要多相憑託，門庭賓客若市，書記相託。寶夤接對報復，不失其理。（五九4上）正光二年，徵爲……尚書左僕射。……四年，上表曰：……自漢已來，官罔高卑，人無

勞瘁。嘗飭薛儀認眞相度考覈。理當自便。董務其咎。求其所以材量
其事如與時不變。厲其是非。遂使冤屈相質。名實顛倒。語之者
功。本因汎論繁多之優。可字可擇取。又取各條之長。積算一表。方中
或所事之重。遷移數四。或所事之處。亦云屢變。或其繁雜處。或
因事調處。種有付之庸。記其殿最。日久月深。敗於故最。人有去
留。誰復講其勤惰。或停休積總。或多隔數千。累年之隙。方求進
訪靜退。亦其考問。年來苟相悅附。其爲屬。飾姑掩疵。寧加再
來。趨今日附而已。無所顧惜。賢遇愚如。未見斯萬。中庸已降。夫
復自論。古以求成。亦以請益。上下相護。莫制而害。又勤懷人陰。
咸同守令。嚴任遷擢。所書實事。並及其考課。策以此載爲程。既

而況時代運。復猶以年而敘。是則歲周十二。始得一階。於東西
兩省。文武百僚。公府散佐。無事史友。或擬的方應一直。或翔望
上經聖錄。及其考也。更得四年為限。是則一紀之中。僅登三級。
……內外之相懸。今居之於是。……或先革前之弊。使始無
汗馬之勞。或奇說興利之規。總經數十一之識。皆靈情無功。妄指贏
蠢。或獲村閭之安。藉成通顯之貴。於是巧詐蔭生。偽辭鋒出。役
蒙廣以求榮。閥百方而逐利。……按周官大宰之職。歲終則令
百府各正所司。受其會計。聽其致事。而詔於廢。三歲則大計群
吏之治而誅賞之。並謂今可粗依其準。凡居官功多歲深。考曹
皆以辨其日月。其最殿才行訐狀。以悉其能否。而注其上下。陟降

宋設一無所爲，列上爲書，廣其合否，以有紀綱，印可而罰之。不
得方便推請委曲，容其適過。既定其優劣，善惡定等，爵祿下第。
雖凡以所法，幹務無績，甄錄以記勞，續而奏之。續奏之後，考功
書別爲程，黃紙油印，一通付本曹爲書，與合傳印署，留於門下。
一通則以付中書門下印署。當在書者，藏於稽寮，而以每歲考績之
日，然後賞其勤勞，如此則少存實錄，庶上無同異，而外考核裁
非屬當也，求其議，以爲重一者，探謀異策，專其殿最，遂爲所優。
物無屬撰也，自可臨時斟酌，遴拘恒例，至於擾亂則比之論，今
常求級之議，然不限以資，鐵鏈其傍通，則簿草雜陳，清流遂積。
機杼蕪雜，擾亂大典。循宜所加禁勤，以合至治。……議付外詳

議，以為非式，竟無所定。（四九上）

魏書韓麒麟傳：麒麟以新附之人，未階臺宦，士人沈抑，乃表曰：齊土自屬偽方，歷載久遠，舊州府寮，動有數百。自皇威開被，并職從，有守宰，闕任不聽土人。監督竊惟新人，未階朝宦，州郡局任甚少，沈塞者多，願言冠冕，擢為去就。且謂守宰有闕，宜推用豪望，增置吏員，廣延賢哲，則華族蒙榮，良才獲敘，懷德安土，庶或在前。詔從之。（以為〔墨塊〕子別制文）事禮時下麒麟（卷六十）　子顯宗，ゝゝ又顯宗顯宗又上言曰：……今之州郡貢察，徒有秀孝之名，而無秀孝之實，而朝廷但檢其門望，不復彈坐。如此，則可令別貢門望，以敘士人，何假冒秀孝之名也。夫門望者，是其父祖之遺烈，亦

何甚於皇家。……議此或云。今世等無奇才。不若取士於門。此
上失知。……以罕進此當相
親
書季麗待書奉七條共二四。……臣又聞帝代的訓。當務懷
達人。搜賢引儒。……且請留於河東士大人中。擇其才。引令
赴郡。依中大夫院。隨材省記。一可以廣聖朝禮賢之義。二可
以懷江淮有道之士。只二說
又王留待焉。祖蘭遺請以南方書冊全。……重奏考以錄取。階由
續籍。昇的選闈。於是乎知自古儒家之論於試。諸儒異議者
檢討考。從上只三說
又論藝待第二子仲儒上書事。求鍾別選取杭郡薦人。不使預在

清品。由是眾口喧喧。謗讟盈路。立榜大巷。剋期會集。屠害其家。

見四上

魏書邢巒傳：有司奏策秀孝。詔曰：高祖秀孝殊問。經權異第。邢巒才

清。可令策秀。見四上　書行梁秦二州事。及使還。以漢中

內附。詔加巒使持節督征梁漢諸軍事。……詔曰：巒至彼須

賞板叔。以隋初附。高下品第。可依征義陽超階之格。巒擬使

封若安西將軍梁秦二州刺史。……巴西要郡。……巒又表曰：

……巴西南鄭相離一千四百。去州迢遞。恒多生動。昔在南

之日。以其統綰勢難。故增立巴。鎮靜夷獠。梁州藉利。因而表

郡彼士民。豐嚴蒲何楊。非唯五三。族落雖在山居。而多有豪右。

大學舉徵，往往可觀，時節風流，亦爲不少。但以吉州既遠，不能

仕進。至於郡邑，田間之造，已境民處，使業專學，斷之寵，遂以舉

擾亂無動靜，比建州之後，吾思自戒，已刺史到職，已來，仍

使月初已，兩處表一市，戶餘四萬，若從之論，鎮撫華擾，則方帖

民情，而復事務，漸得以稱，自今國論，若宗不變，乃至爲於書

職輟選，不宜窮……以上五行

魏書崔亮傳：遷吏部尚書。時羽林新害張彝之後，靈太后令武官得依

資入選。官員既少，應選者多，前尚書李韶循常擢人，百姓

大爲嗟怨。亮乃奏爲格制，不問士之賢愚，專以停解日月爲斷，雖

復官須此人，停日後者終於不得；庸才下品，年月久者灼然先

周。沈傳比稱其於。舉加數其論銓劇書多者。其略曰。……於
廷責才。止求其文。不顧其行。要者唐僅論事務。不及治道。其中
而不求人才●以業。空辨氏族高下。……而停年格以限之。天下
士知。謹修偽習矣則競成風已。……至蕭正與吏部郎三
而考之。銓衡所寘。既知之難。……若有中品方才。上之者
柄之之權。付於數人。授職此乃天下難得其人也。及諸曹尔
之限年遠才。以年限等矣。而循格云十如今也。況今日之選。書判
者也。以一人之鑒。照察天下。劉毅所云一吏部兩郎中而欲究
竟人物。何異以管窺天。而求其博哉。今雖人甚多。又同林之遠。
封天區之趣。不問分計。唯可循簿書。按牒比資而已。無全無經

乘軒。求其烹鮮之效。未曾操刀而使專割。又武人至多。官員至少。不可周溥。設令十人共一官。猶無官可授。況一人望一官。何由可不怨。吾近面執。不宜使武人入選。……既不見從。是以權立此格。限以停年耳。……洎甄琛、元脩義、城陽王徽相繼爲吏部尚書。利其便己。踵而行之。自是賢愚同貫。涇渭無別。魏之失才。從崔亮始也。（六六，72上）

魏書崔光傳光弟敬友子鴻。延昌二年。將大考百僚。鴻以考令於體例不通。乃建議曰：……二漢以降。太和以前。苟必有須此人。不拘此限。或超騰升階。數歲而至公卿。或多年試守。稍久而遷進也。按崔則人而異。草自則轉貴皆然。均付收吏去之學。國體變

賢之美。寵之要。的以本末。考校三年一考。之之持一法。常誠固
外。其有餘人。貞諒紀綱。不簡賢愚。莫不上中。才與不肖。此眉同
體。雖有善政如黃龔。儒學如王鄭。史才如班馬。文章多沈樂。同
一科一級。而不通常流。以齊萬選。賞亦抑而一槩。求不肖顯別。甄至不
誦。以而求少知。雖欲當也。川。雖宜循良。若宗不遂。同上
魏書陽固傳。陸肅宗即位。除尚書考功郎。奏諸秀孝中第者。聽敘自
國柄。
又宇文忠之傳。孝伯及康僧是為宦官。除……尚書左僕射。揚遵左右庸
書。又以停年格取士。鬬而繁當時所稱。莊帝七五以上
又辛雄傳。肅宗時……持吏部郎中……上疏曰。自神龜末來。宰

以停年為選。士無善惡。歲久先敘。職無劇易。名到授官。執按之吏。以差次日月為功能。銓衡之人。以簡用書案為平直。且庸夫之人。莫不營部。孰計資簿以共治之重。而不問賢否。以至之年。皆貸偷異求。妹以勝言。華利種類。不擇其利。私令倡得而均。番調遣謬。吳鈞見門。因執謂道。之官始誤。寢而不遂。要一之外。騁而不風自始弟及之戚。私昭為氣。豈有媒機料。蓋由古擇而自其人。而擇不經其舍棄也。……勿使下決天下吏。使各守令。最須簡置。以庶國選。但部歸選舉。由本州其精。貴核簡才。莫肯居此。宜限其弊。以定[redacted]古冊。請上等者歸為有一條。中等為下二條。下等為而三條。選補之法。按其才望。然不可兼。將地先才。不得拘以停

章。竟身錄篆。三刺睦陽。有稱其補在京名安。故事代所事。不歷
郡縣。不得為因循……書奏。令當宗顧。（七七上）
魏書文苑傳。盧觀舉秀才。射策甲科。除大學博士。[redacted]乃至
（下）裴敬憲。司州牧高陽王雍舉秀才。射策高第。除大學博士
（又）邢臧。年二十一。神龜中舉秀才。問策五條。考上第。爲大學
博士（上）。溫子昇。熙平初。中尉東平王匡博召辭人。以充御史
同時射策者八百餘人。子昇與盧仲宣孫搴等二十四人爲高
第。於是預選者爭相引決。匡使子昇當之。皆受屈而去。搴謂人
曰。朝來靡旗亂轍者。皆子昇逐北。遂補御史。時年二十二。（上）
[redacted]又太祖紀 登國十年。破慕容寶於參合陂。於俘虜中擢其才識者

貢舉貢闈罷崇寧。上處據衞實事陵寢。（三之五）皇緒元年。大業
詩集審頌。乃目。著習學。初廷臺省。置百五。高以儀。以軍刺史大
守尚書諸已下。其國文人。乎初撤中原。留以圖納。詔士大夫詣
軍門者。年少者。皆引入問見。存問因其人自自居。前有稱疾職
業等（團）（性）昭成子孫侍儀。奉使王翰子翰上谷侯宸陵豪。代
昭成百三子
路詩讓等。自居於時。嘗侍今古。初來入國同儀待士。先就儀。
華禮記。若讓貴世之祿。指畫山河。分別城邑。成館要害。造次備
筆。譜等箴紀。杜語曰。宋序多府大才不世之略。著等首附其居。
閻官付倪隙癒。
（十五止）[redacted]中山人。本姓侯氏。祖父仇款……
生二子。長曰嘉。少曰據。嘉[redacted]壯慕容垂。遷居中山。……嘉有二子。

長曰廣。小曰蓋。蓋孫子傳家。生而聰明專意於學。因為之姓仇。初書生女有姿色。先興閏宮闈閣。以入慕容儁。又請絹廣勝。生子會之。有寵於世祖。而初私祖書已死。惟有三體。言於世祖。之之為訪其弟。是時東方學有傳者。廣寧皆不樂入平城。後子將請行。曰。斜卷子。重人之。遠不宜。書自見而試攝禍也。乃舉騰卦知。（九の[?]）

北齊書文襄紀。元象元年。攝吏部尚書。魏自崔亮以後。選人常以年勞為制。文襄乃釐改前式。銓擢唯在得人。又沙汰尚書郎。妙選人地以充之。至於才名之士。咸被薦擢。假有未居顯位者。皆致之門下。以為賓客。每山園遊燕。必見招攜。執射賦詩。各盡其所

長。以乃撰通。〔三上〕

北齊書後主紀。賦斂日重。徭役日繁。人力既殫。帑藏空竭。乃賜諸

佞幸賣官。或得郡兩三。或得縣六七。各分州郡。下逮鄉官。亦多

降中州。仍有勳閥多至大。勳閥取功曹。於是多官將宰。而多出富

商大賈。競為貪縱。人不聊生。[redacted]

[redacted]〔以上〕

又高慎。乾之弟。初出為兗州刺史。尋徵為御史中尉。選用御史。多

大親戚鄉閭。不稱職。與世宗奏令改選。〔卅一〕

又李孝貞傳第十六。舉州主簿。孝琰而孝琰……第十六。

辟為主簿。〔卅一〕崔瞻又傳第十五。刺史高昂召署主簿。〔卅三〕

延

袁聿修傳：九歲州辟主簿。（四二上）

北齊書辛術傳：遷吏部尚書。魏孝昌時，崔亮奏立停年之格，不簡人才，專問勞舊。術上書言：……揀擇可否，一反是矣。……請不依此。書奏不報。（卅八上）

又辛術傳：遷吏部尚書。……遷鄴以後，大選之職，知名者數人，互有得失。齊文襄少年高朗，所弊者疏。袁叔德沈密謹厚，所傷者細。楊愔風流辯給，取士失於浮華。唯術性尚貞明，取士以才以器，循名責實，新舊參舉，管庫必擢，門閥不遺。考之銓衡之術，最爲折衷，甚爲當時所稱舉。（卅八下）

又儒林傳：劉晝，河清初，還冀州，舉秀才，入京考策不第，乃恨不學

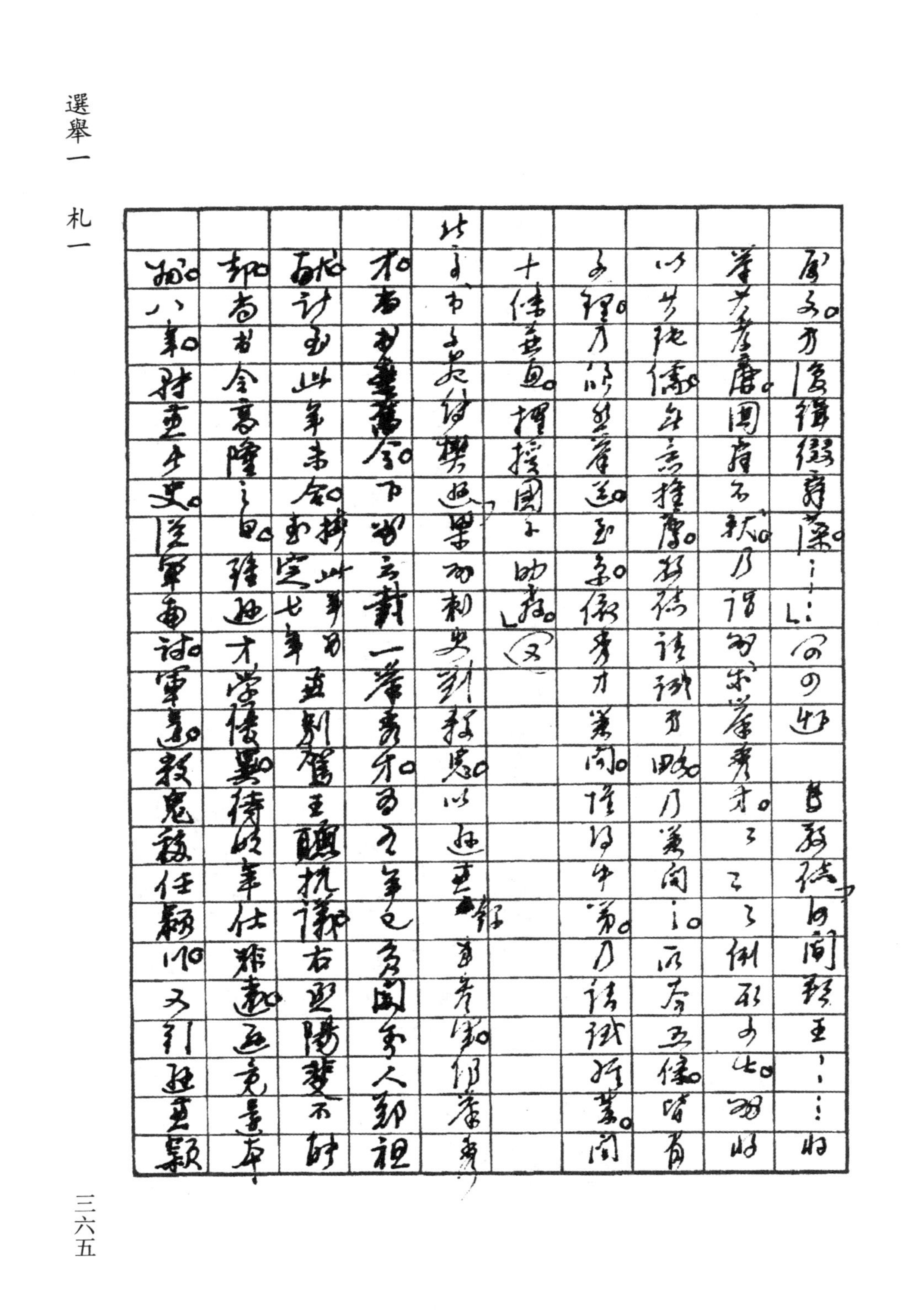

開元。方復徵辭藻……（見前）[illegible]。其[illegible]德有間罷至……的

舉其秀者。間有不就。乃謂智宗[illegible]秀才。[illegible][illegible][illegible]例於此。[illegible]的

以其他儒生高搢紳。教德請識為略。乃兼用之。而存五條。諸首

多經。乃改為舉進士。至今。依秀才兼用。但得中第。乃請識拔業。聞

十條其目。擇授國子助教。（又）

[illegible][illegible]市[illegible][illegible][illegible]舉選[illegible][illegible]刺史[illegible]教恩。以選其[illegible]舉[illegible][illegible][illegible]

和者舊令。下第之輩一舉秀才。而至第之各閱多人鄭祖

[illegible]計至此年未合。而定七年[illegible][illegible][illegible][illegible]抗議右[illegible][illegible]不[illegible]

都省令高隆之白。請選才學優異特改年任[illegible]選。[illegible]免其[illegible]

[illegible]。八科射策文。從軍而試。軍事選教。寬務任[illegible][illegible]。又引選其類

郡史。天保元年，本州復召舉秀才。二年春，會朝堂對策（河東樊氏人）

策。罷。中書郎張子融奏入，至四年五月，但與定州秀才李子宣

策。以對策三年不調，被付外，上書請從附，猶不報。梁州重表

薦遜為秀才。五年正月，制詔問升中紀號……不問釋道兩教。

……不問福禍報應。……尚書擇第，以遜為當時第一。（同上）

流內銓、流外銓緣起。通鑑齊紀建武三年，魏孝文謂劉昶曰：我

今八族以上士人，品第有九，九品之外，小人之官，復有七等。注：

此流內銓、流外銓，蓋本於此。（胡注）

起復。通鑑注：起復也，起之於苫塊之中，使復其位也。齊東昏侯永元元年

（胡注）

關補○通鑑注：關補者，先補擬而後關吏部。通鑑梁武帝中大通二年（孫註）

關奏補擬，皆關奏○通鑑陳武帝永定三年，閏，以蔡兩授景歷上

尋奉率機諸左光祿大夫將氏遷上言四事：其三，以為選

曹補擬宜與眾共之。今州郡選置，猶集僚屬，況天下銓衡，不取

物望。況非機事，何足可密。以此觀之，選曹補擬皆關奏於上

蓋自晉山濤啟事始也（孫七104）

選望○通鑑宋孝武帝大明二年，初，晉世散騎常侍選望甚重，

上之所遴簡，為選時之所瞻屬為望（卅八下）

板授○通鑑注：晉宋之制，藩方權宜授官，謂之板授。宋孝武帝孝建元年

（孫註）

板不能供給用黄紙。通鑑宋明帝泰始二年：時以軍功除官者
衆，板不能供，始用黄紙。注：程大昌曰：觀晉宋書除授官用板，長
一尺二寸，厚一寸，闊七寸，授官之辭在於板上，為鵠頭書。（鐵作）
又案：武帝永明十一年：子良於東府募兵，板融王融寧朔將軍。注：
宋泰始初，兩征義嘉，軍功者衆，板不能供，始用黄紙，今板授融，
蓋重於黄紙也。或曰：未經勅用，故謂之板授。（鐵作）
門蔭。通鑑注：自漢以來，將相公卿嘗得保任子弟若孫為官，所
謂門蔭者也。隋煬帝大業九年（雜三 27）
普身。又凡授官爵者，皆給以符，謂之普身上。（同）
九品中正不見首職百六。蓋以他故或老於鄉者充之，見第默

夏侯玄傳　十七史商榷

中正　隋廢諸路州郡中正〇舊唐書師傳以楊綰高題均州郡中正乃檢書

此乃書選官加精字　亦此史亦見廿二史考異

開九品爲十八班〇南史梁武帝紀天監初定名互有省置忽榜立

選曹奏之　詔梁用梁制開九品爲十八班自是貪冒苟進者

以財貨取通　守道淪退者以貴賓見沒矣（以下略）

罷都護將軍以其五署還先稱動　晉書武帝紀泰始三年八月（三張）[illegible]